横森理香の

ベター・エイジング

もっと美しく幸せに生きる

フォー・ユー

はじめに

人生を最後まで楽しく、充実して過ごす

二〇〇八年一月九日、新年改まってこの本を書き始める私は、今年五月で四十五になります。

四十五なんて年齢は、どんなモンか想像もつかなかったけど、ここにきてみると、本当にあっという間だったというのが実感。きっと、何十年生きても、人生とはそんなふうに感じるのでしょう。

四十になったとき、人生八十年としてもう半分、折り返し地点にきちゃったなと感じたものですが、子供が生まれたせいもあって、この五年間は瞬く間に過ぎました。それはもう、いちいち考えてる暇もないくらい。

ぎりぎり三十代で生まれた娘は、もう五歳。今年は六歳になります。この調子で日々が過ぎ去ると、彼女が成人を迎えて私が還暦、なんていうのも、あっという間なのだと感じます。

気だけは若く、いつも元気と評される私ですが、この五年間で、私が年々、痛いほどに感じてきたのは肉体的な老化です。気ばっかり若くても、肉体は四十路過ぎると驚くばかりに老化の一途をたどります。

ま、でも、そうなってくれなきゃ、あと数十年ではすんなり死ねないわけで、別に悲しいことじゃないんですけどね(笑)。

ただ、今生きてる私たちとしては、その老化による不定愁訴は最低限にとどめて、残りの人生を最後まで、楽しく充実して過ごしたいものだと、常に熱く思っているわけです。

今年の仕事始めは、『日経ヘルス　プルミエ』連載の打ち合わせでした。『日経ヘルス』の四十代、五十代版です。編集長は四十七歳、担当編集者は四十五歳、『日経ヘルス』の内容がきつくなってきた世代の、実感あっての創刊だといいます。

そう、私も三十代は、厳しいマクロビオティックもやったり、とにかくストイックな健康オタクの道を走っていました。でも、四十代になると、健康にこだわり過ぎるのもストレスになってくるのです。

それでもまだ、四十代になってからつくった『地味めしダイエット3』では、昼間消化のいいとき、一食ぐらいは玄米ご飯を食べられていたんですが、その後消化力が劇的に衰えて、ときに玄米も、よ～っく噛んでも消化できなくなったわけですよ。

下痢して体力を消耗したら、健康にいいものも悪くなってしまいます。だったら、分づき米に雑穀混ぜるぐらいでいいじゃん、という結論に達し、今では我が家は分づき米か、新米の季節は白米です（そのほうが美味しいから）。

そう、「美味しい・楽しい」、を実感できることが大切で、強いポリシーをもってベジタリアンをやっていても、食のバリエーション不足で楽しさを感じられないなら、野菜や果物を多めにして、肉も魚もいろいろ食べたほうがいいのです。

楽しさ、ラクさ、という精神的部分が、どれだけ肉体的健康にも寄与するかというのを実感する年齢になってくると、もはや三十代までの方法論は、通用しなくなるのがわかってきます。

『プルミエ』の編集長いわく、人には虚《きょ》（漢方でいう虚弱体質）と実《じつ》（体が強い人）タイプがあり、四十路過ぎると虚の人のほうが、朗らかに人生を楽しめるようになってくるのだそうです。

というのも、長年弱い体をメンテしながらきたので、老化に対処する底力もついているからなのだと。逆に丈夫な人は、今までなーんにも気をつけないでがむしゃらに頑張れてきたのに、いきなり老化の波が襲ってきて、体を壊さないまでもココロを壊してしまうのだと。

深刻なココロの病気にならないまでも、性格が悪くなり、頑固オヤジ、厭味オバサンと化すらしいのです。その話を聞いて、

「ははあ、なーる」

と、私は大きくうなずきました。みなさんもそうでしょう。

「あ〜、いるいる、私の周りにも！」

と、大きくうなずかれたか、はたと、我が身を振り返った

方もいるかもしれません。

しかし、そうなったとしても、そりゃ何とかせにゃなりません。四十代になっていきなり襲ってきた不幸感のために、これまで築いてきた幸せな人生を、台無しにすることもないからです。

アメリカではこれを、「ミッドライフ・クライシス（中年期の危機）」といい、かなり前から注目してきました。じゃあ、どうすればいいか、ということをですよ。

私もいざ、自分がその年齢になってみて、自分の体のドラマティックな老化と、周囲の丈夫な人のココロの変調を体験して、これへの対処法を考えることが非常に重要だと気づいたのです。

それで去年から四十代モノを書き始め、この本で三冊目。今のところ何の反響もないんですが（笑）、私は作家としてこの人生をやっているので、いつ死んでも悔いがないように、自分がよかれと思ったことは書いて、実践もしていこうと思っています。じゃないとやるべきことは全部やったと、満足してこの人生を終われないじゃないですか。

そう、エイジングを実感し始めたら、もうその準備をし始める時期なのですよ。満足して最期のときを迎えるために……何せ、光陰矢のごとし、ですからな。ふぉっ、ふぉっ、ふぉっ（ご隠居さんふう）。

みなさんも、参考にできるところは参考にして、実践してみてください。きっと今よりはずっと、これからの人生を楽しく、充実して過ごせるはずですよ。

二〇〇八年一月九日

横森理香

Contents

横森理香のベター・エイジング
もっと美しく幸せに生きる

Chapter 1

体の変化を意識する中年期

〝おひとりさま上手〟になりましょう

Chapter 2

毎日の習慣でアンチ・エイジング

Chapter 3

地球と自分に優しく生きる

Chapter 4

たった一度の人生、輝かなくちゃ！

Chapter 5

カバーデザイン　松岡史恵
カバーイラスト　Ｃｈｉｙｏ
本文デザイン　関根康弘(T-Borne)
本文イラスト　水谷さるころ
ＤＴＰ　クラップス

Chapter 1

体の変化を意識する中年期

思わずハマったアメリカの〝ミッドライフ・クライシス〟ドラマ

仕事の後にドラマ鑑賞
HUFF
主人公の患者が自殺
バーン
うわ～シリアス～
家族、親友を含めてんやわんや
どうなっちゃうの？コレ?!
わからない
それでいいのよ
なるほど…
哲学的な終わりだわ

ここ数年、事務所にて束の間のテレビタイムにハマっているのが、アメリカのFOXチャンネルでやっているテレビドラマ。特に『HUFF! ドクターは中年症候群』にはかなりハマった。なんせ〝中年症候群〟ってくらいだからね、タイトルもふるってる。

ドクターHUFFは四十代の成功した精神分析医なんだけど、ミッドライフ・クライシス（中年期の危機）でまいっちゃってる。きっかけは患者が目の前で自殺したことなんだけど、その頃から幻覚も見え始め（インテリの移民のおじさんが語りかけてくる）、そこへきて嫁姑問題とか夫婦問題、麻薬中毒の親友（エリート弁護士）、統合失調症の弟、思春期の息子なんかがからんできて、いつもてんやわんや。

そのてんやわんやぶりに、優れたエンターテイメントとしてのお楽しみと、同じ世代としての感情移入があって、いつも目が離せなかった。アメリカと日本では文化や社会が違うし、しかもこのドラマの登場人物は富裕層なので、生活環境の隔たりはある。しかし、思わず「うんうん」とうなずいてしまうのは、古今東西、中年期にさしかかり直面する問題＝ミッドライフ・クライシスは同じだからだ。

さまざまな問題に主人公HUFFが翻弄されるなか、HUFF以外の人物はそれぞれ、それなりに成長してゆく。自暴自棄だった麻薬中毒の親友は、移民の販売員（おばはん）との間にひょんなことから子供ができ、新しい命に自らが癒されたり、美大出の妻は生きがいのためにまた絵を描き始め、上流階級のどうしようもない母親（グィネス・パルトロウの母演じる）は、とうとう統合失調症の息子と向き合えるようになったり……。

最終回で、ＨＵＦＦ自身が世話になっていた尊敬する精神分析医（アンジェリカ・ヒューストン演じる）に、周囲の人たちの成長ぶりを報告するＨＵＦＦ。

「それで、あなたはどうなの？」

と聞かれ、ＨＵＦＦは、

「わからない」

と答える。そして、

「それでいいのよ」

と言われ、物語は青空のもと、すがすがしく終わるのだ。

ここに私は、ミッドライフ・クライシスの対処法が描かれていると思う。人はなぜ、ミッドライフ・クライシスに直面してしまうのか？　それは、人生を半分過ぎてしまった、と意識することによって、自分の半生を振り返り、そこに〝意味づけ〟を求めたりしてしまうからなのだ。

しかし往々にして、人というのは自分のことは、あんまりわかっていないもの。だから考え始めると悩んじゃうし、考えれば考えるほど、あまりのダメさ加減に（人間なんて誰も完璧ではないのに）、自己嫌悪に陥って、自己破壊的になってしまったりする――これがミッドライフ・クライシスの正体ではないかと。だから、自分のことはあくまでも、

「わからない」

でいいと思うのだ。

特にこのミッドライフ・クライシスに陥りやすい人というのは、いろんな意味で恵まれている人が多い。特に困ってもいないのに、だからこそ、それが問題なのではないかと思い込んでしまうのだ。自分の人生これまでいいとも簡単で、シンプル過ぎるから、まるで意味がないように思えてしまう。それで幸せなのに、自分では生きてる価値もないんじゃないかとすら、思ってしまうのだ。

物質的・肉体的苦労や、精神的苦労を幼い頃からしてきた私のような人は、四十

路になって初めてラクになれたとすら思い、ただ驚くほどの老化の加速を楽しむ余裕すらあるのだが、何の苦労もしてこなかった人は、四十代になって初めて、ミッドライフ・クライシスなるものを体験する。

特に男の人のほうが、母親に甘やかされて育っていて、中年期の鬱《うつ》病が多いのも、そのせいのような気がする。職場の人間関係や仕事の重圧など、その理由は人それぞれだが、彼らの不満とか不安、自己嫌悪や逃避願望なんて、百戦錬磨の女からしてみたら、ちょろいもんだと思えるほど。何を今更、ってなもんだ。何十年も生きてきて、そんな危機感はこれまで何度もあったもんって……。

今まで楽しいと思えていたものが楽しめない、夫婦仲もかつてほどうまくいかなくなった、これから楽しいことがあるようにはとても思えない……自分がこんなんだから、自分のせいで、みんながダメになる気がする。だからいなくなりたい、なんて。

でも、そんなんで死んでどうする？　そんなことぐらいで、今まで培ってきた幸せから逃げてどうする？　と私は思う。人生を思うとき、私はよく、「Ｔｈｅ　ｓｈｏｗ　ｍｕｓｔ　ｇｏ　ｏｎ」という言葉を思い出す。せっかくいただいた時間とこの肉体なのだから、命ある限り続けましょうよと。

人生半ばにして、わざわざ結論づけなんてしようとしないでいい。人は死ぬまで、自分のことなんて「わからない」でいい。このトシにしてわかってるような人は、百万回生きた猫みたいな、相当達者な人なんだから。

人は悩んで大きくなるっていうけど、人それぞれ、それなりなもの。一生悩まないで成長もしないで、ラクなだけの人生だって、それはそれなりにアリなのだ。そういう自分と、すごく頑張って日々成長している誰かを比べて卑下する必要もないし、自分の人生に、「意味ないじゃん」なんて思う必要もない。

ただ受け入れるべきは、自分はもう、残りの人生が半分を切った、という事実のみ。だから、楽しまなきゃ損だし、もったいない、ということ。限りある命ですからね。そして、この体と顔と性格をもって生まれてきた人生は、たった一回きり。その「自分自身である」ということを謳歌しなくて、どうするっちゅーの。

ミッドライフ・クライシスって、実は悩んでる暇もないっちゅーことなのよ。

夫婦関係だって若い頃とは変わって当然

『HUFF！　ドクターは中年症候群』ともうひとつ、日本でも話題になった『ディスパレートな妻たち』にも、ミッドライフ・クライシスの夫が描かれている。

完璧主義のカリスマ主婦を妻にもつ、これもドクターなのだが、妻のあまりの理想追求型ライフに辟易し、家出を試みるのだ。しばらくモーテルで暮らすうち、夫を何とか取り戻そうと考えた妻が、娼婦まがいの格好をして現れる。

そのあまりのセクシーさに（このドラマは主要登場人物がすべて四十代ということで話題になった。アメリカではそれまで、四十代の女優に仕事はないといわれていたらしい）、ついフラっとなった夫だったが、なにせ妻が病的なキレイ好きのため、ベッドのサイドテーブルに置きっぱなしになったピザの残骸が（今にもカーペットに落ちそうになっている）気になって、どうもその行為に集中できない。

その様子に夫は苛立ち、

「まったく、君って女は……出てってくれ！」

とキレてしまうのだ。

「ふんっ」

と妻は、きたときとおんなじ格好、セクシー下着に毛皮のコートだけをひっかけ、

「カーペットについたチーズのシミって、なかなか取れないのよっ」

と言い捨てて去る。

『ＨＵＦＦ！』でも、冷え切った夫婦の関係を修復しようと、二人でロマンティックなホテルに泊まってみたりするのだが、妻のほうがイマイチ、かつては嬉しかったはずのものが嬉しくない自分に気づいてしまう。空しさを感じた彼女は、若い男に走りかけたり、レズ行為に巻き込まれかけたりするのだが、どれもその気になれず、結局は自分の原点に戻り、趣味の絵を描き始めてしまう。

一方、夫ＨＵＦＦのほうは、新しい恋愛を求めていろんな女に惚れかけ、親友と怪しい娼館にてドラッグをやり、へろへろの状態で娼婦を買う。それも東洋人だけ

ど妻似、というところが泣かせる。

『ディスパレートな妻たち』でも、家出した夫に、ほかに好きな女ができたわけではなく（この二人の夫たちはともに医師であり真面目なタイプ）、ただ自分の妻がかつての、自分が惚れたあの若くて可愛くて、その気むんむんの女ではなくなってしまった、というところが気に入らないのだ。

「君はかつてはこうだった、ああだった。なのに今は何だ」と、不平不満をぶちまける。しかし同じ四十代の女の目から見ると、

「そんなの当たり前じゃん」

ってことなのだ。もし、四十代のおばさんが二十代の娘とおんなじだったら、そりゃ逆に恐ろしいものがあるでしょうよ。かなり貫禄の出てきたルックスに行為がまず似合わないし、だいたい、そんなちゃらい妻だったら、子供もまともに育ってないし、家もぐちゃぐちゃだと思うけどなぁ。

男の人はそういう現実的なところをすっ飛ばして、ただ「恋愛」というファンタジーを懐かしむから困る。妻がただ年だけとって、まともな食事もつくらず、部屋は汚く、子供もほったらかしで、夫とのセックスばかりを楽しみにしているような

ずっと20代のままのような妻
きゃあ このバッグ欲しい〜
ママー
ねえねえ わたしのこと好き?
ママー
えっ
電話したらすぐ出てくれなきゃイヤ!
ママー?
40過ぎて子供もいてコレだったら困るだろー
一方オットも20代のまま…
好きなモノ好きなだけ買うぜ!
友達と朝まで飲んじゃって〜
これはこれでムカつくでしょ
人間年とれば変わるのが当然!

女であって欲しいと本気で望むだろうか。気持悪いと、思うけどなぁ。

人間、何十年も生きてきたら変わるのが当然で、生きがいを感じるフォーカスも違ってくる。若い頃はそれがお洒落とお出かけと恋愛だったかもしれないけれど、四十代にもなると、家事や園芸（ガーデニングか）、趣味や仕事、健康や自然環境、あるいはもっと深遠なものに、興味を注ぐだろう。それが成長というものだ。

ところが男の人は、変化を成長と捉えることが苦手で、嫌悪する傾向にある。だから妻が〝立派なおばさん〟に変わったのもイヤだし、自分が立派なおじさんになるのも嫌なのだ。若い頃とおんなじように、いつもイケイケで、はしゃいでいたい。でも、年齢的な問題があって、できなくなった――がーん！　それがミッドライフ・クライシスなのだ。

うちの夫もよくもらしている。眠りが浅くなったとか、オシッコの出が悪くなったとか……。別に、小学生の男の子同士で飛ばしっこをするわけじゃないんだからいいじゃん、と思うのだが、そういう老化現象がいちいち、イラつくようなのだ。

世界的な自然療法の権威アンドルー・ワイル博士の本にも、四十代から睡眠の質は低下すると書いてある。五十代、六十代になると、かつて八時間睡眠だったものが、六時間程度になるのが普通だと。

若かりし頃、がーっと遊んで、あるいは働いて、ごーっと涎《よだれ》たらして長時間寝ていう、あの爽快感が忘れられず、この老化現象を受け入れられないと、ちょっと辛いものがあるのではないだろうか。でも〝そういうもんだ〟と思えば、どってことない。

老化していく男と女なのだから、夫婦関係だって変わって当然。アメリカではそれを認めたがらない男たちがバイアグラなる薬を摂取して（あ、とっくに日本にも上陸したか）、いつまでも若々しく、夫婦生活もお達者で、を試みているようだが、私には愚の骨頂に思えてならない。なぜなら、えらい不自然だからだ。

人間、年とってやがて死ぬのが自然で、夫婦もともに枯れて、慈しみ合ってナンボなのではないだろうか。夫婦愛は、恋愛から二十年も経過したら、人間愛・家族愛に変化して当然。それを無理やり、元の男と女の関係に戻すこともない。

それでも、自分のなかの「男」的なものをどうしても感じ続けたいなら、「女」っ気むんむんの、若い娘さんに走るしかないですよ。それも、若かりし頃の妻似の（涙）。

「厄年」はホルモンのバランスが変わる時期？

女性の厄年は三十三（前厄）、三十四（本厄）、三十五歳（後厄）、男性は四十（前厄）、四十一（本厄）、四十二歳（後厄）。いずれも数え年でいうのが一般的だが、大抵の人はこの時期に何かしら試練が与えられている。

私など、ものの見事にその頃、愛猫の死、人間関係の難しさ、仕事の壁など、試練が立て続けに起こり、子宮筋腫の発覚も含めて、生活を考え直さざるを得なかった。

一番変わったのは、食生活を健康的なものに変えたことだろうか。おかげで『地味めしダイエット』なる本も出せた。

しかし、さまざまな試練が与えられることによって、私自身は成長できたし、ネガティブをポジティブに転換する術を得たように思う。鍛えられたというか、結局、どんな状況でも、自分次第だということがわかってきたのだ。

三十五で女同士の週末飲み会を卒業し、十年来連れ添った彼と地味婚したのも、

「いい男いな～い」

なんて女同士で愚痴っててもしょうがないと悟ったからだ。三十代になってもまだギャル気分が抜けず、まだ見ぬ〝白馬に乗った王子様〟など待っていても、そんなもなー、幻想に過ぎなかった。なんせ、周囲に浮いた話すらなくなってきてしまったからね。

思えばあの頃が、私のミッドライフ・クライシスだったのだが、おんなじような状況に、我が夫が四十代の厄年でハマっていて、驚く。「不平・不満・愚痴・泣き言・人の悪口」を、幸せになるためにやってはいけない五戒というが、まさにそれ三昧。うちの夫はいい人なので五番目が「人の悪口」ではなくて、そこに自己嫌悪＝「自分の悪口」が入るわけ。

聞いているとほんとに胸糞悪くなるような精神状態で、私がそういう状況だったとき、よく夫は付き合ってくれたなぁと感心する。私にはできないもん。ひっぱら

れちゃいそうで、怒りがこみ上げてくる。だってほんとに、超ネガティブで〝暗黒系〟なんだもん。

理由は特にない。まぁ、人間、常にいろいろ不満要素はあるのが普通だが、そこにばかり焦点を当てて、具合が悪くなるほど落ち込む必要もないようなことばかり。私が三十代のミッドライフ・クライシス中、意識してよく聞いていたのは、映画のサントラに入っていた、

「♪人生のいい部分にだけ目を向けよう」

という歌だ。すると、自分の生活もまんざらではないなと思えてくる。

ところが、望んでも得られないもの、足りない部分、親しい人に対する不満、自分のなかのダメな部分にばかり目を向けていると、まるで日々を生き地獄のように感じてしまう。

同じ生活でも、その人の見方、感じ方によっては、天国にも地獄にもなるのである。

実際、夫には特別何も起こってないのに、ただただブルー。こういう状態って、女のＰＭＳ（月経前緊張症）に似ている。生理前一週間、意味不明に憂鬱で、生理

が始まるといきなり気が晴れるアレ。これがまぁ、四十代になって女性も更年期入ってくると、十日も前から憂鬱で、生理期間中ずーっと憂鬱だったりするから困ったものだ。

というようなことを鑑《かんが》みて、男の厄年におけるミッドライフ・クライシスも、更年期みたいなものなのではないかと思うのだ。

女性の場合は毎月生理というものがあり、思春期の落ち込みも激しいから、男よりは慣れてるけど、男の場合、そんな経験もないし目安になる生理もないから、これがホルモンバランスの変わり目によるものだというのも、わかりづらいのではないかと。それで、よりパニックになりやすいのではと。

女性の更年期は最近ではよく研究されているから、その対処法も知識も得やすいけれど、男の人はまず自分の不調を認識したり、人に話したり、悩みを打ち明けたりするのが苦手（強く見せたいという見栄が邪魔をして）なので、なかなかそれを〝男の更年期〟として研究、指導してくれる人も現れないのではないだろうか。

しかしねぇ、生理がないまでも男にも毎月月経のようなバイオリズムがあり、更年期もあるといわれているのだ。そしてそれは当然と私も思う。

なぜなら、若者がいきなりオッサンになれるわけもなく、そこには劇的なホルモンの変化があって当然。そしてそこにウツが入り、すべての物事はまずその人の思い＝波動があって起こるので、先人の知恵で〝だからお気をつけ遊ばせ〟と、これを「厄年」としたのではないか。

ところが、ほとんどの人はこれをホルモンバランスの変調とは思わないから、「嫌なことが起こるから厄除けに行っとく」ぐらいの対処法しか思いつかない。そりゃ、厄除けに行っとくに越したことはないけど、それだけじゃ現代人は、昔の人ほど100パーセント心穏やかになったりしない。

イライラしやすい、よく眠れない、なんでもネガティブにしか捉えられない、ときに抑え切れないような怒りがこみ上げてくる、異様に食欲が増したり、落ちたりする、周囲の人たちにあり得ない疑いをもったり、意味もなく終末観に襲われる、実は自分は無能なのでは？　と感じる、配偶者が浮気しているんじゃないかというような妄想にかられる……これらどれも、四十代の厄年でいきなり経験したら、そりゃやパニックだろうけど、女性の場合は初潮があってから毎月何十年も、さらに更年期を経験している女性ならもっとヘビーに経験しているので、慣れたものだ。

だから男性も、経験なくても〝そういうものだ〟ということにしておくのがいい。「ああ〜、オレも更年期なんだなぁ」ぐらいに捉えておいたほうが、ラクに過ごせるのではないだろうか。女の更年期だって、重い人もいれば、軽い人もいる。できたら軽いほうがいいので、軽く過ごせる術を身につけることが重要なのだ。

男の四十二は大厄？
——離婚で欝になったさわやか営業マン

もう十年以上、毎年一回、一月に保険の更新で会う営業マンが、一年前とは打って変わって痩せていた。しかし営業マンという仕事柄、相変わらずスッキリしていて身だしなみは完璧、朗らかで調子もよく、まぁメタボ対策でダイエットでもしたのだろうと思っていた。


ところが、しばらく話すうちに、話を彼のプライベートに振ると（私は来客を逆インタビューするのが楽しみ）、何と離婚していたのである。確か一年前、

「もう何年もセックスレスで……。妻は子供を欲しがっているんですが、どう迫ったらいいかわからなくて、悩んでるんですよ」

という悩みを打ち明けられ（子供が欲しかったら、奥さんも自分から迫ればいい

のにねぇ)、

「まずロマンティックなレストランでデートとかしてみぃ」

なんて、毒にも薬にもならないようなアドバイスをして、

「がんばりまーす」

と言って帰った彼だったが……。

「去年の四月に離婚したんです。妻はその一年前ぐらいから考えてたようなんですが、僕にとっては晴天の霹靂《へきれき》で……」

営業マンらしく明るい表情でテキパキと喋る彼だが、そーとーキテることはわかった。別れてから一年近くの歳月がたったが、妻との思い出があるスーパー脇など通ると、あ〜、お正月はあそこで何買って料理して楽しかったなぁ、なんて、思い出して辛いのだそうだ。

「仕事柄、昼間お客さんに会ってるときはいいんですよ。でも、家に帰るとどーんと落ち込んじゃって、去年のゴールデンウィークに、一歩も出る気がしなくて独りで家にいて、我ながらこりゃヤバイなと」

思い余ってネットで鬱病のところを検索し、症状チェックをしてみると……。

「〝今すぐ病院に行ったほうがいいです〟って結果が出ちゃったんですよ」

「で、行ったの？」

「いや、行きませんでした。大企業なら鬱病になっても一年間の有給休暇くれちゃったりするみたいなんですが、うちみたいな小さい事務所は休んだらおしまいですからね」

友達も心配して、合コンやら飲み会やら、お見合いやら誘ってくれるそうなのだが、何だかガハハーっと盛り上がって終わってしまうそうなのだ。

「自分も四十二で、前後三、四歳の女性って、やっぱりみんな仕事してるし、話は合うんだけど恋愛ムードにならないんですよ。何だか〝同士〟みたいになっちゃって」

酒の過ち的にその、気が合った〝同士〟とワンナイトスタンドがあっても、それっきり。長い付き合いにはならないのだという。

「お互い、いい年ですからね。もう、こっちも向こうもさっぱりしたもので、何事かあって、しばらくしてどこかで会っても、〝あ、どっも〜〟みたいな感じなんですよ。どうすりゃいいんですかね？」

もう、このまんま一人でもいいのかなと思うこともあれば、それじゃあ、いくら何でも寂し過ぎるだろうと思うこともある。己を奮い立たせ、何とか新しい相手をゲットしようと、居酒屋やナイター球場でナンパしてみたり、努力はしているらしいのだが……。

いやいや、決してルックスの悪い男性じゃないですよ。こざっぱりして、営業マンだけに、好感度の高いルックス（スマップの仲居君を丸くしたような）をしているし、調子がよくて明るく、何しろ性格がいい。同性にはめっちゃ好かれるだろう、典型的な〝いい奴〟だ。

「で、離婚の原因は何だったのよ？」

と聞くと、

「どうも妻は、がばちょと押し倒して欲しかったらしいんですよね。それを俺がしなくて、何年もたっちゃって、もう兄妹みたいになっちゃったんですよ。二人でゲームやって、あ〜楽しかった、お休み〜、みたいな。一応、同じ部屋では寝てたんですけど」

なのだという。

「イヤ〜、やっぱり夫婦にはエッチが大事です。今度結婚したら、もう毎晩エッチすることに決めたんですよ」

と熱く語るので、

「若い女にしときな。二十八ぐらいまでだったら、まだその気もあるし、妊娠しやすいし、できちゃった結婚の可能性もあるから」

と、今回はちょっとためになるアドバイスをした。なぜなら、三十路過ぎた女は経済力もついてくるし、性欲も減退し始め、かついろんなことに長けちゃって、恋愛や結婚なんか、ちゃんちゃらおかしくってやってらんないわっつー感じになってしまうからだ。

彼の離婚も、奥さんがいい給料取りで、別に結婚してなくても生活が成り立つという部分が大きかったのではないだろうか。昔の女は、別れたら生活が成り立たないので、我慢した。んな、セックスレスぐらいじゃ離婚しなかったと思うよ。

「うちの旦那は淡白で……」

ぐらいで終わったでしょうよ。

「実は僕、去年四十二の本厄だったんですよね。今年後厄で、正月、お祓いも行ったんですが、男の四十二は大厄なんですよ。見事にどーんときました」

私は世界最大のお見合いサイト、マッチ・ドットコムを紹介して（ＰＲ小説を書いたこともあって）、二十八ぐらいまでの女性に絞って頑張れと、背中を押した。

「来年はいい話、聞かせておくれよ〜」

と……。

この話をまさにグッドなタイミングで聞いて、おおー、やっぱり男の四十二は大厄なんだ、と、我が夫のことを思った。次項では夫の大厄話をご紹介しよう。

〝変化〟を〝成長〟の機会と受け止められないオトコたち

えっ
アシスタントが辞めた！
夫が壊れたっ－！
あのときああ言わなければよかった
ああしておけば…
本人が気にしてる以外はどこにも問題ないのに
どんより
失恋した若い娘か？

前項の営業マンとうちの夫（カメラマン）は、四十二（大厄）という年齢以外まったく共通点はないが、典型的なニッポン男児であることの根底に、共通点があるといえばある。ロマンスが苦手で、変化に弱い、という点だ。

ロマンスが苦手、ということに関しては、これはもう相手＝女側にまかせるしかない。私の友人は産後五年間のセックスレスを経て、子供を預けロマンティックなディナーの後、バーを二軒ハシゴしへべれけになって、ほとんど彼女の一存で致し、見事第二子を御懐妊。本人いわく、かなり頑張ったという。

四十代でも彼女のようにやる気のある女性は、そうやって前向きにセックスレスも対処してくれるのだが、この営業マン妻のように、

「もう何年も迫ってくれない。私はアナタの何なのよ?!」

と怒って離婚を申し出る女性もいる。まぁ一般的には日本女性も受け身なので、中年に差し掛かった女性より、やる気むんむんの若い女性を求めたほうが、ロマンス苦手なニッポン男児にとっては、事が運びやすいのではないかと思う。

そして次の、「変化に弱い」という点だが、これはもう、慣れるしかない。「変化」を「成長」と受け止めるべきなのだ。それで「厄年」なるものも設けられているわ

けだし。まだ若者気分が抜けない四十一、二の日本男児が、大人の男＝立派なオジサンになるためには、そりゃあもうドラマティックな変化を体験しなければならないわけで。

それがこの営業マンの場合は、思いもよらぬ離婚だったわけ。で、我が夫の場合は、二年間朝から晩まで一緒にいたアシスタントが辞めちゃったこと。それがすごいショックだったみたいで、夜も眠れなくなっちゃったのだ。

以来しばらく、誰彼かまわず、朝から晩までその辞めちゃったアシスタントのことを愚痴る日々。

「何か、付き合ってた愛人にふられちゃった男みたいだよね」

「つーか、初めて失恋した若い女みたい？」

と、私は親友と言い合ってた。そういう辛い体験が、このトシまでなかったことのほうが問題ではないか？　フツーは若い頃そういう泣き喚くような辛い失恋などを経験し、人は大人になるのではないけ。

うちの夫は営業マンよりもっとロマンスオンチで（思春期からサーフィンしかしてきてない）、ほぼ恋愛経験がないまま、私の一存（二歳年上の強みもあり）で押し倒され、今日に至っている。だから、女に対する執着はないものの、男兄弟や（彼は三兄弟の長男）男友達に対する執着が、恋愛感情レベルほどに高いのではないか。

事の発端はこうだ。二年間いたアシスタントが、年末に独立する予定になっていたので、セカンドアシスタントを入れて、突然彼に厳しくし始めた。というのも、夫は二年間、気まずくなるのがイヤで（ずっと二人だけだったので）、技術的なことをちっとも彼に指導してこなかったのだという。それで、独立するまでの半年間で、何とか恥ずかしくないぐらいまで教え込んで、送り出してやろう、なんて思っちゃったらしいんだわ。

しかし今の若い子は、何か教えて欲しいなんて思ってもいないし、いきなり厳しくされてダメ呼ばわりされ始めたものだから、

「もうついていけないっす。辞めさせてもらいます」

と、厳しくしてわずか二週間で辞めてしまった。ががーん！　うちの夫が壊れた瞬間だったね。

「そんなのさぁ、どうせ半年後には辞める予定だったんだからいいじゃん」

とかみんなで言っても、

「これからだったのに……」

と、夫は悔恨の日々。そして何とその一週間後に、新しく入った子まで辞めさせちゃったのである。

「な、何で？　アシスタントがいなきゃ、困るでないの？」

「だって使えないし」

一週間で、彼には現場の経験があまりにもなく、使えないことがわかったから、

「おめー、スタジオに入ってもう一回やり直してこいっ」

なんて、自分がかつていたフォトスタジオに送り込もうとしたそうな。これには夫の事務所によく出入りしている元アシスタントのプリンターも驚いて、

「そりゃ、あんまりっすよね」

と言っていたが、私たち世代の仕事の現場では、若い子がオッサンやお局たちにその程度厳しくされるのは当然だった。私も結構やられてるし（＝ライター現場時代）、男子は軽～く蹴りなんか入れられてたもんな。だから、打たれ強くなったってこともあるのだ。

でも、今の子達は、いやな事があっても続けるほどの根性はないらしく、結局、

「次の就職先ぐらい、自分で見つけますから」

と、その若い（まだ二十二よ～）アシスタントも言い残して、去った。以来、夫は口ケアシという、日雇いのアシスタントでつないでいる。これがまぁ、厄年だけに、専属になってくれる新しい子も現れないんだわ。何かこれって、営業マンの、妻に離婚されてから、新しい人も現れないのと似ている。

二人とも毎年（前厄、本厄、後厄と）厄払いに行ってるけど、あんまり効果ないみたい。ま、命落とすほどのすごいことが起こってないだけマシか……。

そして誰もいなくなった夫は、ついでに所属事務所も変えて、はたから見ると人生はいい方向に向かっているのに、どうもこの「変化」にしばらく馴染めなかったらしく、十月中旬には体調を崩し、十一月はほとんど仕事を休んでいた。

休んで何をやってたかっつーと、私のすすめるニューエイジ系の本を読んでいたのさ。ま、遅咲きの「自分探し」の時期だった。私も三十代そうだったけど、厄年って、自分を知る機会を与えられる時期なのではないだろうか。

Chapter 2

〝おひとりさま上手〟になりましょう

何かに依存しないと不安でたまらない日本人

齢《よわい》四十五、このトシまで生きてくると、「日本人三十歳成人説」というのは実に本当なのだと実感する。

二十代などはまだ〝お子ちゃま〟状態で、まぁ人にもよるが、私などほとんど親掛かりだった。

父親はすでに他界していたが、母親はまだ現役で働いていたので、実家に住み、光熱費も食費も払わないで、自分の稼ぎはすべて小遣いにあてて、趣味程度のライター仕事をし、小説を書きながら遊び暮らしていた。

それをよしとしていた母親も、さすがに私が三十、彼女が六十を目前にし、「私が退職するまでに、何とか自分で生活できるようにしなさいよ」

と娘の尻を叩き、仕方なく私も重い腰を上げ、小説出版に向けて営業活動をし始めた（とはいっても、知り合いの編集者数人に読んでもらっただけだが）。

それで二十九のとき、始めての本が出て何とか作家として立ったわけだが、母が退職後、秋田に嫁に行った（再婚）のをよいことに、その家を売り、今住んでるマンションを買ったわけだから、現在の生活も、ある意味親掛かりと言わざるを得ない。

私の周りもこんな人たちばかりで、真に自立している、自分の力だけで生きている人など一人もいない。外国人の友達ならいるが、日本人はみな子育ても親の手を借りているし、経済的にも（マンション・家などは特に）親を頼っている。

周囲の男子はどうかというと、経済的に自立した奥さんを頼っている、という人が実に多い。家事や育児が得意で専業主夫になっている人もいれば、共働きの場合、家事や育児はすべて奥さんまかせで、経済的にも折半、という人が実に多い。

で、どういう生活をしているかというと、結婚もせず実家に住む男子のように、何の責任もなく飄々と暮らしているのである。

苦労しているのは奥さんだけで、

「ええ、大きい長男と、小さい子供が二人おります」

と、こめかみに膏薬貼ってつぶやいている。

そう、こんな状態だから、日本は今、いい年をして結婚しない人たちが増えているし、結婚しても、すぐ離婚をしてしまうのである。若いときはいいけど、三十代後半、四十代にもなると、体力・気力が衰えてくる。夫の面倒を見切れなくなった働く主婦は、当然離婚も考えるだろう。

我が家のように小さい子供でもいれば、子供のために我慢もするだろうが、それ以前に不妊やセックスレスも増えているから、元も子もない（まさに！）。子供もいず何年もお手伝いさんのように扱われたら、離婚したくなっても当然だと思う。前章の営業マンのケースが、これに当たるのではないだろうか。

私自身、どうやってこの日本人的な依存体質を克服したかというと、三十代にいろいろ精神的な修業をしてだ。やはり厄年の三年間に、いやなことが立て続けに起こり、精神的・肉体的修業なくしては、立ち直れなかった。

何年間もずっと憂鬱で、今思えばプチ欝だったのだが、病院には行かず、自力で克服した。

ペットロスだったときは一ヶ月間泣き暮らしていたが、それでも仕事は続けていたし、一ヶ月経過したとき、辛すぎて、

「死んだほうがマシかな……」

と一瞬考えたが、死ぬより新しい猫を飼ったほうがいいと自分で判断し、ブリーダーに電話した。

客観的に見ると、私は精神的に強いのだ。体は弱いけど、精神的に弱い人が精神科に行くぐらいの状態でも、自力で克服できる。まぁそのためには、ヨガをやったり、べリーダンスを始めたり、いろんなセミナーに通ったり、食生活を改善したり、ライフスタイルを変えたりしたわけだけど。

何年かかかって、やっと、

「何もなくても幸せに生きていける自分」

というのをゲットしたのである。これが、真に「大人になる」ということなのではないかと思う。

子供は、もう絶対にお母さん（あるいはその代わりになる人）がいなきゃダメなものだが、日本人はいい年になっても、掛け値なしで愛してくれ、甘えられて、身

の回りの世話もしてくれる存在を必要とする人が多い。

それが得られないなら、何かほかのものに依存する。安心感や、陶酔感や、恍惚感が得られる何か——仕事、買い物、酒、薬、博打、宗教、贅沢、あるいは家族以外の依存的な人間関係、などなど枚挙に暇《いとま》がないが、とにかく、〝それがないと普通でいられない〟と感じるものがある人は、すべて依存症だ。

私の場合、三十代まではほんとに依存的で、母に嫁に行かれ、三十代にして初めて自活せねばならなくなって、ストレスがかかった。かつ、マンション購入の際、リフォームにお金がかかり、住宅ローンを組んだから、その返済がわずか月十万で家賃にも満たない額なのに、ちゃんと返済していけるのかと大変な不安を抱えてしまった（何せフリーのもの書きだからね）。

それで、

「あ〜、この先どうなるんだろう。もっと仕事、頑張らなきゃあ」

と無理したことで、肉体的、精神的に具合が悪くなっていった。そうやって不安から頑張ることで、もっとネガティブな状況を呼び込んでしまったのである。

ま、こういう精神世界的なことはまた後で説明するが、とにかく、もっと精神的に大人なら、そういう責任とか自活（自力で生きてゆく）とかは、いい年こいたら当たり前のこととして受け入れられるはずのものだ。しかし、現代日本人は、多くの人が、〝自立〟することに対して意識せぬままストレスを感じ、壊れるのだ。それぐらい依存体質、というわけなのである。

〝おひとりさま上手〟になれば生きているだけでシアワセ

経済的自立はできているものの、心の自立ができていない大人――と一言でいわれてもピンとこない人が多いと思うが、何かに、誰かに依存していないと楽しくない人は、心の自立ができていない人だといったら、わかりやすいだろうか。

私も三十代、実にそういう人間だった。依存心から過度の期待を自分や彼氏や親友や仕事相手にし過ぎて、不足感から逆恨みをしたりしていた。それで〝悩み〟が生じ、やれ占いだの、ヒーリングだのと通い始めたのだ。

三十三歳の頃、初めて受けたサイキック・リーディングで言われたのは、

「あなたは経済的自立はできているので、これからは心の自立をテーマにしてくださ い」

というもの。そのときは何のこっちゃと思ったけれど、それからの十年を振り返ってみると、私が幸せになるために必要なのはまさにそのことだった。

往々にして、人の悩みというものは、もっとこうだったらいいのに、という自分に対する過度の期待とか、もっとこうしてくれればいいのに、という、近しい人に対する過剰な要求が元なのだ。それが思い通りにいかないから、悩んだり悲しんだり苦しんだり、相手を逆恨みしたりするのである。

そういうものを一切捨てて、

「健康で、生きていられるだけでも幸せだ。命があるだけでもありがたい」

と思えたら、誰でもいつでも幸せになれる。そうしたら日々楽しく生活でき、心の余裕もできて、人にも優しくできる=人間関係もうまくいくようになる。これぞ幸せというものではないか。

私もかつては甘えっこで、だから可愛げもあったものが、すっかり精神的には誰も頼らない自立した女になってしまったので、安心だけど可愛げのない女になった。

しかし、四十代にもなってあぶなっかしい、

「大丈夫か?」

みたいな、ほっとけない人など、それこそトシだけとって大人げない、可哀想な人ではないか。だからこれでいいのだと、自らを誇らしくすら思う。

だけど自分がそうやって成長してみると、周囲の人間（特に男性）の子供っぽさが身にしみる。彼らが今更苦しんで、ミッドライフ・クライシスらしきものに苛まれているのを見ると、優しくするどころか、

「強くなれってことだよ、大人になれってことだよ、自立しろってことだよ、フントに」

と憤懣やるかたない。もちろん悩んでる人は優しくして欲しいから、グチグチと何時間も愚痴っているのだろうが、愚痴ってるうちは何にも変わらないから、聞いていたくもないのである。

我が身を振り返ってもそうなのだ。悩んでる人間というのは、何時間でも一晩中でも、聞いてくれる人がいれば自分のことを話していたい。しかし聞いてくれる人にも我慢の限界があるから、いい加減聞くのもいやんなって、適当な言い訳をつくって逃げるようになる。

すると、自分がこんなに悩んでいるのに相談に乗ってくれないと逆恨みして苦し

むのだが、苦しまなくなるまでに成長するには、自分で自分を鍛えるしかない。

まぁどうやって鍛えるかというとですね。“おひとりさま上手”になるということですよ。誰かに、何かに楽しませてもらおうという依存心を捨てて、内なる自分に目を向ける＝自分で自分をエンターテインできるようになると、誰にも頼らなくても楽しく過ごせるようになる。

私の場合、ヨガが一番そのサポートをしてくれた。ヨガは「結ぶ」という意味で、ボディ（肉体）・マインド（心）・ソウル（魂）をひとつにする動的瞑想といわれている。肉体を鍛えると同時に心も鍛えられ、自分で自分をコントロールすることができるようになる。楽しみを外に求めるのではなく内に求める、

「Ｈａｐｐｙ　ｉｔｓｅｌｆ」

になってしまうのである。

最初はかったるいだけで、まったくそんな目標もなかったのだが、やっていくうちにまず体調がよくなってきて、そのうち、

「こんなに健康で心地よいなら、生きてるだけでも幸せではないか！」

とマジで感じられるようになった。それで、三十八のとき、長年欲しくても授か

らなかった子供も諦めることができ、仕事もいただいた仕事でじゅうぶんありがたいと思えるようになった。

つまり、悩みがなくなってしまったのである。そしたら、子供ができた。仕事も、生きてける程度に今日まで続いている。そしてそれでいいのだと思える。忙し過ぎても体壊しちゃうからな。

不満や不足感から悩みは生じるのだから、そこそこの幸せで満足すれば、悩みはなくなる。経済的自立をするまで人は、物質的な目標に向かってひた走っているから、それ以上のものも求めなければ悩みもないけど、ちょっと余裕ができると欲も出て、それが満たされないと欲求不満になる。

自分の人生をもっと楽しくブイブイ言わせたい、と願うから無理が生じ、肉体的精神的老化＝変化を受け入れられない。すべて諦めて自然にまかせればラクに生きられるのに、それをよしとしないから、苦しみを自らつくり出し、体も心も壊してしまうのである。

「私があなたを健康に、幸せに、きれいにしてあげる」

というカリスマティックな治療家や占い師やヒーラー、エステティシャンがもて

今から遊びにきて！
ゴハン食べに行こ！
猫が死んじゃったの～!!!
うわ～ん
またきてるの？
親友に依存しまくりの30代…
サイキックリーディングにて
これからは心の自立をテーマにしてください
何のこと？
今ならわかる
ツリーポーズは
自立のポーズ
自分を鍛えておひとりさま上手になるべし

はやされるのも、この日本に欲深く、依存的な人間がいかに多いかを物語っている。

私もかつてはそういうプロの方々に依存し、〝もっともっと〟を目指して通いまくっていたが、今はすべて〝自力〟である。なぜなら、すべては〝自ら健康になる、幸せになる、きれいになる〟という意識をもたないと、根本解決にはならないからなのだ。

夫婦だって永遠の保証はない 経済的・精神的に自立を…

精神的にも経済的にも自立した者同士が、ともに歩んでいくのが「大人」の理想形、とはいっても、寄りかかり合って初めて「人」になる、という説もある。

理想を高く掲げても、完璧な人など誰もいないし、完璧に見える人だって、弱ってるときや病気のときもある。だから、最低限自分の「家族（最小単位）」だけは支え合うべきだといわれている。

依存症の患者を扱う精神科のドクターいわく、依存癖のある人は何にでも依存したがるが、依存していいのは「家族」と「健康オタク道」だけなんだそうな。その二つは、依存しても何ら社会生活と肉体的精神的健康に害が及ばないから。それどころか、この二つは極めれば極めるほど幸せ感が増す。

しかし、やりすぎは禁物である。健康オタクも行き過ぎて病的になることがあるし、家族にだって、頼るだけ頼って自分は何にもしなかったら、頼られたほうが過労と心労で倒れてしまう。頼ってもいいけど、相手にストレスを感じさせない程度に頼るのが原則で、将来的には相手にラクをさせてあげられるぐらい自分も成長する（少なくとも努力する）、というのが大前提だ。

現代日本に、結婚しない男女、離婚する男女が増えているのは、従来の依存的な関係がイヤで、最初からしない、あるいは、やってらんなくなってやめてしまう、というケースが多いからではないだろうか。

私もバツイチだが、若い頃にした「ご恩と奉公」みたいな夫婦関係がイヤで、やめてしまった。超コンサバな元夫に、

「俺は稼ぐから、お前は家にいて、俺の身の回りの世話して、猫でも撫でてろ」

と言われ、専業主婦になったが、その生活はまさに隷属。

若かったから好きな男の身の回りの世話をしているのは幸せだったが、私の人権なきことにやがて気づいた。そして彼のためにキレイでいて、大好きな猫を撫でてる生活は幸せだだが、退屈で実りがなかった。つまり、充実感がなかったのである。

それで、早々に離婚してしまった。

ま、それでじゅうぶん幸せって人は、専業主婦になって旧来の「ご恩と奉公」の生活をしていればいいのだろうが、では夫が鬱病になって働けなくなりました、あるいは、経営していた会社が倒産しました、病気や事故でお亡くなりになりました、ということになったら、どうするのだろうか。

「我が家にはそれでもじゅうぶんなほどの財産・蓄え・生命保険があるから」というマダムたちはともかくとして、そうではない人たちは？

私は中二の終わりに父がくも膜下出血で他界しているので、母が仕事をもっていてほんとによかったと思った。子供が十五まで育っていても、まだ自活するには程遠いので、母親が自立していなかったら、子供心に厳しいものがあったと思う。

昔は、女性には外で働くことが許されてなかったので、当然「一家の主」である男の人が働いて、女は家事をする以外になかった。しかし、女性にも仕事をするという選択肢が与えられている現代、旧来の「ご恩と奉公」の関係のほうが不自然ではないだろうか。

男側の精神力や体力も衰えている。結婚して経済的負担はすべて夫まかせにする人は、そのストレスが原因で、夫が精神的・肉体的に追いやられてしまうとは思わないのだろうか。逆に、経済的負担や子供の責任は働く妻とシェアしつつ、家事はすべて妻まかせにする依存夫は、そのストレスで妻が加齢とともに壊れていくとは思わないのだろうか。

どちらのケースを考えても、やはり、それが自分の「家族」であっても、依存し過ぎるのはよくない。互いに精神的にも生活的にも自立したうえで、寄り添って生きるのが妥当だろう。

男女を問わず、自分一人でも、あるいは子供がいたら子供のぶんぐらい、何とかしていけるぐらいの経済力と生活力（家事能力というか、心地よい暮らしをつくっていく力）を身につけるのが、大人としての義務だと私は思う。

そうすると、頼りになるのは自分の「健康」だけ。「健康オタク」になるのは誰にも迷惑がかからないし、本人も強靭になるのでおすすめだ。

今や専業主婦だって、プチ先生やカリスマ主婦としてメディアに登場し、稼ぐ時代なのだ。

ネット上で商売を始めて、起業した人だって少なくない。結果、大成功を収めてとうとう夫と別れてしまった、という人もいるが、何事もバランスが大切、ということだろうか。

何千・何億も稼いだら、家のなかで夫の世話などしていられないから、別れて気の合うゲイの男（家事・育児能力アリ）と住む、というのも全然アリだな、と私でも思うからだ。私の場合はそこまで稼げないので、夫と協力し合ってやっていかねばならないが。

しかしま、お金持ちの奥さんだって、いい年こいたら自分の小遣いぐらい自分で稼いだほうがいいですよ。そのほうが充実感があるし。もし、もともとの自分の家もありあまるほどの財産があり、使っても使っても使い切れないという人は、環境保護団体や恵まれない国への寄付やボランティア活動に精を出すと。でないと、精神的健康が保てないのではないだろうか。

子供や夫にエネルギーを注ぎ込んでも、やがて子供は手を離れるし、夫だっていつまでその愛情に答えてくれるかわからない。死別することだってある。

「あなた、死なないで！　あなたがいないと生きていけない！」

と叫んだところで、不死の人間はいない。自分だって、

「俺より先に死ぬな。病気にもなるな」

と言われても、約束は仕切れない。努力はできても（健康オタク道）、保証など何にもないからだ。

仕方がないことは諦めるという前提で、自立の努力はそれぞれ、それなりにしたほうがいいと私は思う。

落ち込んでいるのは時間のムダ使い 誰でもきっと幸せになれる

依存症の人というのは、

「これがなくては楽しくない」

という〝何か〟があって、そうでなければ鬱々として、日々生きているのが辛くなる、という人のこと。

その〝何か〟が、自分の家族であったり健康法であったりするなら、めきめき幸せになり何も問題はないのだが、そうではない場合、さまざまな問題が生じてくる。

そして大抵の依存症の人たちは、その〝何か〟が取り上げられた場合、落ち込んで、それに変わる〝何か〟(健康法なり趣味)を得ようともしないで、ただのんべんだらりと落ち込み続ける。だから、立ち直りが遅いのだ。

だけど、考えてもごらんなさい。人生は短い。特に四十路過ぎた人たちの場合、これからの数十年は、ほんとにあっという間だろう。だから一日でも早く立ち直り、一日でも長く楽しく過ごし、幸せに生きたほうがいいのである。

落ち込んでいる人の言うことを聞いていると、自己否定の塊であることが多い。どうせ自分なんか……自分がいるとみんなが不幸になる……自分のせいでこんなことになってしまった……などなどと、そうでもない現実を逆さに見て、落ち込んでいるのだ。

これは、それまで外に向けられていたネガティブな感情が、今度は自分に向かっているだけで、本当にその人自身に問題があるわけではなく、心の奥にあったネガティブなエネルギーが噴出している状態だと、考えたほうがいい。誰にでもネガティブな感情はあるし、ポジティブな人だってネガティブになることもある。完璧な人などいない。

私はネガティブな状態というのは病気だと考えるので、膿は出し切ってしまったほうがいいと思う。膿を出し切ると、その後はすがすがしい生活が待っているわけだから、今落ち込んでいる人も、安心していい。ただ、一日も早くそこから脱して欲しい。脱する努力を始めて欲しい。

落ち込んでいるのはプラスの意味が一切ないし、周りにいる人も大変だ。ネガティブな人はどんな助言をしても悪いようにしか取らないし、人を勇気づけるいい言葉も、心にも響かない。だから、自分で立ち直るしかないし、周囲の人たちは、ほっとくしかないのだ。

ただ、この本を読んでくれる人がもし落ち込んでいたら、これだけは言いたい。

「自分がいけないいんじゃない。なぜなら、誰でも、命を与えられた時点で、祝福されているのだから」

な〜んて言うと宗教みたいだけど、これは真実なのだ。私たちは大いなる生命（宇宙エネルギー）の一部（魂、生命エネルギー）で、その根源は「愛」なのだから。まず初めに「愛＝思い」ありきで、それが物質化したものが人間なのだから。せっかく肉体を与えられ、地球に生まれてこられたのだから、命続く限り楽しまなきゃ、なのである。

私は折につけニューエイジ系の本を読むのだが、今はバシャールの本を読んでいる。十年ほど前は、当時世話になっていた治療家たちやニューエイジ系の人たちにバシャールをすすめられて読んでも、まったくわからなくて一歩も読み進められなかった。だけど、最近ピラティスの先生にすすめられ読み始めたら、するするとよく理解できるのだ。

これはこの十年間の、私の精神的進歩にほかならない。本にも、書いてある内容がわかる読者の段階というのがあって、その時期がくると、再び誰かにすすめられたり、読んでみようかなという気になるものだ。

バシャールは、ダリル・アンカ（ポール・アンカの甥）という人に降りてきた（チャネリング）宇宙人の魂で、来日した際、いろんな人の質問に対して答えている。それを収録した『バシャール　ペーパーバック』シリーズは、Q＆A形式なので読みやすく、おすすめだ。

その二巻目『人生の目的は「ワクワク」することにある』に書いてあったのだが、愛の反対語は憎しみだと思っている人が多いが、実は〝罪悪感〟なのだという。以下、抜粋。

「無条件の愛というのは、絶対の価値観を理解することであり、内面的にも外面的にも自分がすべてのレベルにおいて価値のある人間だということを認めることなのです」

自分が価値のない人間だと思うこと、将来の不安を抱くこと自体が、根源的な「愛」のパワーを信じていないことで、だから不幸になるのだと。そもそも「不幸」というのは自分がつくり出している状態で、その人の精神的混乱の結果であると、ジェームス・アレンの本『原因と結果の法則』にも書いてある。

まぁ、信じるも信じないも勝手だが、私は、人生がうまくいき、自分が幸せになれることだったら、何でも信じたほうがいいと思う。信じること自体タダだし、人生はよくなればなるに越したことないから。

バシャールいわく、自分を否定するのはやめて、「自分が想像できる限りの幸せに値する人間である、ということを認めてあげてください。そういうふうな生き方をすると決めると、それ以降は自分のエネルギーを肯定的に、統合の取れた形で使っていくことができるようになります」

後悔や罪悪感で自分自身に否定的なエネルギーを送り続けても、それで本人が成長するわけではない。たいていの場合、ただ落ち込むだけで、人生はいいほうへ向かってはいかない。私が自分の過去を振り返っても、精神的成長は常に、肯定的なエネルギーにサポートされてきた。

自分のなかにそのとき、ポジティブなエネルギーが枯渇していたとしても、ポジティブなエネルギーは日々お天道様から燦燦《さんさん》と降っているわけで、それを呼吸とともに取り入れればいいだけの話なんですよ。

真に大人になるということは誰にも心配をかけないこと

私が依存的で、周囲に対する不足感から悩んでいた三十代前半、サイキックの人に初めてチャネリングしてもらって受けた私のハイアーセルフからのメッセージは、それから十年間の、私の精神的成長の道標となった。

それは、

「あなたはもうじゅうぶんに経済的自立を果たしました。これからは精神的自立を果たしてください」

というもの。言われたときは、

「は？」

てなものだったけど、それから何年も何年もかかり、結局幸せになったときには、

「な〜るへど」

と納得できるものとなった。

なぜなら過去を振り返って見ると、私が悩んでいたことはすべて、〝甘え〟からきていたからだ。親、ボーイフレンド、女友達、仕事相手、仕事内容、周囲の人や出来事すべてに対して感謝するどころか、

「もっとこうだったら」

「もっとこうしてくれてもいいのに」

と、不足感を抱く。それがどんどん拡大して、自分を取り巻く社会や時代など、不満を抱けるものにはすべて不満を抱き、文句ばっかり言っていた。

しかし、それでいいことは何一つとして起こらず、どんどん落ち込んでいっただけなのだ。そこに子宮筋腫という病気が与えられ、自然治癒を目指したことから、さまざまな健康法にチャレンジしていき、図らずも、精神的成長を遂げてしまった。

べリーダンス、ヨガ、気功、ピラティス……と、どんどん体を動かし、ニューエイジ系の本も読み、肉体的にも精神的にも鍛えられると、すっかり調子がよくなり心と体の健康を取り戻した。そういう状態では、マジで、

「何もなくても幸せに生きていける」と思えるものなのだ。人間はそもそも、喜びの塊なのだから。小さい、健康な子供を見ていると、それがよくわかる。

三十代後半、私は不妊でも悩んでいて、子供がいなければ幸せでない、と考えていた。だからできないことに焦りや悲しみを感じ、流産したことを嘆き悲しんでいた。

しかし、ヒプノセラピー（退行催眠療法）や気功のセミナーを受けたり、ベリーダンスを踊り込み、ヨガが生活の一部となった頃、

「このままでもじゅうぶん幸せではないか」

という境地にいたった。それで、夫婦で話し合い、子供のことも諦めたのだ。そしたら、半年後に、ひょんなことから子供ができた。

これは、私が「子供」というものに〝捕われていた〟ときはできなかった、ということなのではないだろうか。執着は宇宙の真理からすると、逆に欲しいものを遠ざける。ヒプノセラピストの村山祥子さんいわく、

「欲しいものを手に入れる方法は、それに対する執着を捨てること」

だが、一見アンチなようでいて、これは真実なのである。

一番いい生き方だと、私が自分の過去を振り返っても感じるのは、すべての執着をなくして「今に生きる」ことだ。「今、このとき」に集中して生きる。そしてそれを100パーセント楽しむ。すると、人間は心身ともに健康になり、人生もいい方向に進む――そういうものだということが、じゅうぶんに理解でき実行できたとき、人は「真に大人になった」といえるのではないだろうか。

今、四十代でもまったく大人になっていない人が多い。特にニッポン男児は、母親が過保護に育てたせいか、母親の代わりを奥さんに求めるだけで、心と家事能力はほとんど小学生レベル、という人が多いのではと、我が夫を見ていて推測する。

しかしながら、志の高い女性が肉体的精神的修業のため、いろいろできるのとは裏腹に、男性は自分の内側を見るのが苦手だし、仕事以外のところで努力することも嫌い。もちろん、込み入ったことを考えて前向きな結論を出したり、面倒なことをするのは嫌いだ。だから、すべての人に、私がやってきた、そしてこれからもやっていくことをすすめようとは思わない。諦めもまた肝心なのだ。

諦めることは、残念なことでもあるが、楽に生きられるコツでもある。この本を読んでくれる人はたぶん女性だから、私が言ったことを、どんどん実践して人生をよりよい方向へ進めるだろう。でも、じゃあ連れ添っている男性は？　と尋ねられたら、

「悪いこと言わないから、ほっときなさい」

としか答えようがない。自分で立ち直るまで、ほっとくしかない。男の人は、精神的に子供なうえに、四十路過ぎるとガンコになり、新しいことを受け入れない傾向が顕著になるから。何をアドヴァイスしても無駄だからだ。

もう二十年ぐらい前のことになるが、私がかつてニューヨークに住んでいた頃、ストレートの男たちは、ゲイの男性たちから、

「ターミナル（末期的な）ストレート」

と呼ばれていた。当時はそうでもないんじゃないかなと思っていたけど、あれから二十年の月日がたち、若くて柔軟だった我が夫も、すっかりそんな状態になってしまった。

だけどひとつだけ、男にも女にも、これだけは効く魔法の言葉がある。それは、

「ヘンなこと考えるより、体動かしちゃったほうがマシ！」

鬱傾向にある人は、考えれば考えるほどマイナスのスパイラルにハマってしまうから、考えるより、頭真っ白になるぐらい、体を動かしてしまうのが得策なのだ。

私だって、疲れてたり、ＰＭＳ（月経前緊張症）がひどいときなど、鬱が入る。そしたら、もうベリーダンスを踊ったり、ヨガをやったり、とにかく体を動かす。するど、自然とヘンなことは考えなくなり、おなかも空いて美味しく食べられて、よく眠れる。もうそれだけでも、幸せだと思えるようになる。

真に大人になるということは、こうやって自己完結すること。誰にも心配をかけないように、することなのである。

Chapter
3

毎日の習慣で
アンチ・エイジング

ココロとカラダの自己管理を忘れずに

四十代になると、肉体的老化が顕著になるとともに、更年期らしき症状が出てくる。私の場合、四十三の秋、ＰＭＳ（月経前緊張症）がひどくなった。

普通は、生理前一週間から落ち込みやイライラ、早朝覚醒（寝つきはいいものの、夜中に目が覚めて眠れない）が始まって、生理が始まるとぴたりと治っていたものが、生理前十日から不調が始まり、生理が終わるまで続くようになってしまったのだ。

そしてその落ち込みたるや、この世の終わりなのでは？　と思うほどの終末感に襲われる。さらに、夫との関係はどんどんイヤになり、もはやちっとも愛していないのでは？　と思えるほど。調子が戻ってくれば、ああこの人と家族でよかった、とまた思えるのだが……とにかく、何もかもがイヤ、という状態になってしまうのである。

そのうえ、その年の暮れに、生理周期が二十八日から二十五日に縮まった。初潮が始まってから三十二年間、妊娠出産時期以外はきっちり二十八日だったものが、突然、である。

「おお、これは、更年期勃発」

と腹をくくった。

というのも、先輩諸氏から、生理期間がどんどん短くなる、とプレ更年期の症状を聞いていたからだ。四十四で生理がアガった先輩は、最後は二週間にいっぺんも生理があったという。平均、女性の生理は三十三年と三ヶ月で終わるといわれていて、その先輩はまさに三十三年だった。

私の場合も、妊娠出産で二年ほど稼いではいるものの、もうすぐなのだ。四十三歳の冬からは、その月によって二十八日だったり、二十五日だったりまちまち。四十四の冬には二十三日にまで縮まって、生理が月に二回ある月もある。

四十代、生理はみな不順になってくるようで、

「私なんか三ヶ月にいっぺんとかだよ」

と親友（おない年）が言えば、

「二週間にいっぺんもきちゃって、ずーっと憂鬱で、かかってる婦人科の先生に、もう心療内科へ行け、とか言われちゃって」

と同級生が電話をかけてくる。

四十四（もうすぐ四十五）という年齢は、多かれ少なかれ、みな体調や気分の変化に翻弄されているようだ。かと思えば、

「みんな更年期云々って言うけどさ、そんなこと、気にしてたってしょうがないじゃん。努力あるのみ」

と言う同年代もいる。彼女は離婚後新しい恋愛中で、

「年とったなんて言ってらんない」

が身上。なにせ現役恋愛組なので、若さと美貌キープは必至なのだという。

ま、これは特殊なケースとして、私の場合、まだ子供が小さいこともあり、若さというよりは健康＝体調のよさ、そして、心の健康＝楽しさをキープしなければならない。最低でも子供が独り立ちするまでは……。だって可哀想だもんね。せっか

く生まれてきたのに、親が更年期でぼろぼろ、ってな状態じゃ。

それに、自分の人生を考えたって、もう人生も半ばを過ぎた。四十路過ぎたら、一年はますます「あ!」という間になってきた。このぶんでいくと一生なんてほんと「え?」っていう間に過ぎてしまうだろう。だから……。

もう一日たりとも、不愉快でなんかいたくないのだ。一日でも多く、楽しく、愉快に過ごしたい。だって、せっかくいただいた命なのだから、思う存分「自分」を生きて、生き抜きたい――というのが、私のプレ更年期の決意なのだ。

そういう決意をしてしまった場合、まぁ現実的には、懇切丁寧なセルフケアというものが必要になってくる。

四十代以降の体と心は本当に繊細。ちょっと無理をするとガタがくるし、ホルモンバランスもしょっちゅう悪く、日々の自己観察と対処が必要。それができない場合、ただぼろぼろになって疲れ果て、誰かに助けを求めることになってしまう。

「ココロとカラダの自己管理」

が何をおいても大切になってくるのが、四十代以降の人たちなのではないだろうか。

ちなみに、私はプレ更年期だと自覚して以来、生理前十日から、セピアというホメオパシーを摂っている。これは更年期症状やＰＭＳに効く治療薬で、ホルモンバランスを整え、生理にまつわる不快症状を緩和する働きがあり、実にその効果を実感している。前出の私の同級生など、これを摂るようになってから生理が二十八日型に戻り、心療内科にも通わないですんでいるそうだ。

さらに、フェンネル、ジュニパー、ゼラニウムなど、ホルモンバランスを整える効果のあるエッセンシャルオイルを入れたアーモンドオイルを使って、入浴後は太もも、腹回りなどをマッサージ。これには劇的な効果は感じないが、何にもやらないよりはマシだと思っている。

あとは早寝早起き、オーガニックでヘルシーな食生活、ヨガ、ベリーダンス、仕事合間のストレッチ、気功、アファーメーション（お祈り）、瞑想、お掃除と、気分がさっぱりして体調が整うことなら何でも積極的にして、毎日快調でいることを心がける。とにかく、不調をほっとかないのだ。

二十一世紀も佳境に入った昨今、地球も大きな変換期だといわれている。ポジティブなエネルギーとネガティブなエネルギーが拮抗しているなか、あくまでもプラス指向にいくか、マイナス指向にどっぷしハマるかはその人次第。とりわけ、ホルモンバランスの悪い〝お年頃〟の人たちは、その〝人となり〟が試されている、ともいえるだろう。

ダンスも流行り、ジョギングをする人も爆発的に増えている今日この頃、腹をくくった人からポジティブになり始めているのではないだろうか。

酵素たっぷり！
搾りたてジュースでリフレッシュ

四十代、ほっておくと体はどんどん老化する。容姿は若く、何歳だかわからないといわれる私ですら、歯目マラとはよくいったもので、歯も目もガタがきている。

歯は産後の不摂生がたたって神経に近いところが虫歯になり、治療後知覚過敏に悩まされた。そのうえ四十四の冬には詰め物のなかに繁殖する菌にやられ、再治療アンド強い抗生物質を一週間も飲むことになった。

重金属除去のためセラミックに詰め替えた奥歯も、せんべいなど硬いものを噛むと知覚過敏で痛いし、寒いときなどは特に不調である。

目はもともと近眼だから遠視にはまだなっていないが、眼精疲労が始まり、パソコンで根をつめて仕事したりすると、肩こりだけでなく偏頭痛にも悩まされる。

マラは……男の人ではないのでよくわからないが、男だったらきっと、とっくに役に立たなくなっているだろう。精力減退、とでもいおうか。バイアグラまで使ってしたがるようなタイプではないし、好々爺もいいところだ。

消化能力も弱ってきた。かつては成人男子並みの食欲と消化力を誇った私でも、疲れると食欲がなくなり、食べても消化不良を起こすように……。

初めてそうなったのは四十一の春。そんな状態になったのは本当に我が人生初めてのことだったので、よもや癌では？　と病院に検査に走った。

結果、何でもなくてただの老化だった。

人間四十代になると体から出る消化酵素がガクッと減るらしいのだ。それで、同じものを食べても消化・吸収がしづらくなる。

そこで日本のおっさん・おばさんは消化剤など飲み始めるのが常なのだが、アメリカでは酵素サプリを飲むらしい。胃もたれや消化不良は酵素サプリで解決するのが、健康最先端というわけだ。

体に足りなくなった消化酵素を足してやる——私はこの酵素サプリ、買って一瓶飲んでみたが、何だかオナラがやたらと出て困るので、やめてしまった。夫は自分で飲んでみた後、げっぷが臭いと文句を言っていた。

そこで一番いいのは、生食を多く食べることだ。海外セレブの間で流行りのローフード（ｒａｗ　ｆｏｏｄ）というやつである。生の食品には酵素がまんま含まれているので（酵素は四十八度で死滅）、老化により体から出る酵素が目減りしていても、消化吸収が楽で、体に負担をかけない。

この情報をゲットした四十四の夏、ローフードの先生を呼んで、友達数人集めてデモンストレーションと食事会を催した。それはそれは美味しくて、珍しくて、やたらとお通じもよくなり、夏じゅうハマったが、秋の訪れとともにやめてしまった。というのも、やはり、日本には四季があるから、日本人は寒い季節にはあたたかいものが食べたくなるのである。加熱したものは、体だけでなく心もあたためる。

それに、ローフーディストは基本的にベジタリアンである。サシミなら生食の範《はん》疇《ちゅう》に入るが、焼いたり、蒸したり、炒めたりはご法度だ。だから、ごはんや麺類も当然ダメ。

アンチ・エイジングのためにそこまでする必要もないし、食の楽しみもまた人の幸せ感には欠かせないものだ。ならばできることで抗加齢を試みようではないかと、一番簡単なローフード、絞りたてジュースのための低温圧搾ジューサーを購入した。

これは、どうやってこの押し寄せる老化に対処しようかと、いろいろ調べていたところ出てきたもの。その手の本によると、酵素の働きで体を活性化し、疲労回復、病気の治癒を図るには、栄養の吸収もよく、デトックス効果もある生野菜&フルーツジュースが一番だというのだ。それも、絞りたて五分以内。栄養素が酸化して壊れないうちに飲み干す。空腹時に単体で。すると、栄養吸収のうえで邪魔な食物繊維もなく液体だけなので、すんなり数十分で体内に吸収されるというわけだ。

確かに、一仕事終わって疲れたときなどにこれを飲むと、物凄いリフレッシュ感とともに、細胞がみるみる蘇り、疲れが取れる！　感じがする。しかもオイシイのだ。無農薬のリンゴと人参をベースにつくるのだが、青野菜を入れてもまずくない！　絞りたては色もきれいだ。

が、やはり寒い季節は一日一回飲めればいいほうだ。理想的には一日三回食事の前に、らしいが、夏はともかく、冬は午後三時のおやつ代わりに一回飲めれば万々歳。ジュースづくりも結構体力・気力がいるのである。

四十代になってから疲れが年々増し、回復しづらくなった。風邪も引きやすく、治りづらく……。四十四の誕生月血液検査では低色素性貧血といわれ、さらによく調べると鉄欠乏性貧血であることがわかった。

しかしこれもすぐに解決した。現代では求めれば必ず道はあるものだ。「レバーなんか大っ嫌いだし」と困っていたとき、タイミングよく植物由来の鉄分サプリが発売された。飲み始めたら三ヶ月で疲労感も抜け、風邪も引きづらくなった。

そのうえ、渡りに船というか、気功の先生から微粒子ミネラルサプリをいただき、飲み始めたらますます元気に、四十四の冬は寝込むほどの風邪も引かなかった。「かかったかな」と思ってもすぐ治ってしまうのだ。

結局、健康食を一生懸命食べても消化・吸収しづらくなっていて、しかも現代の野菜にはビタミン・ミネラルが不足している。また現代人はストレスでその消費量も多いから、大量にサプリで補給してちょうどいいぐらいなのだという。

それにしても問題は「老化」だ。若い頃は、ジャンクフードを食べていたって太るぐらいでどーってことなかった。しかしこの年になってみると、健康を日々気遣っていても、問題は起こってくるのだ。何にも気をつけていなかったら、どうなっていることやら。

消化酵素を補うために
リンゴ
ショウガ
ニンジン
「いきいき酵素くん」
青菜
生野菜＆フルーツジュースを作ります
適度に運動をした後
ジュースをつくって
ウィイイイン
5分以内！
ぐぐっと飲み干すと
一気にリフレッシュ！
でもジュースづくりは一仕事なんだけどね…
準備も…片づけも…
じゃーーっ

四十代は、もし気をつけていなかったら病気になって当たり前というぐらいの年齢なのだ。その自覚は、相当に丈夫な人でない限り、もったほうがいい。

もう「健康オタク」というぐらい、健康には気をつけて気をつけ過ぎることはない。でないと、年々不定愁訴が増え不愉快になるどころか、健康を害しQOLは下がり、早過ぎる死を迎えることになるだろう。

私の友人は四十七歳で早過ぎる死を迎えた。酒飲みだったので、正月ドンペリを二本開けて脳幹出血、というのは彼らしいといえば彼らしいが、四十七は早過ぎる。

酒は最低量、飲むならオーガニックの赤ワイン——我が尊敬するアンドルー・ワイル博士も言っていた。

どうしても憂鬱なときはとにかく体を動かすこと

四十代は、ホルモンの大変動に振り回される時期。女性は生理という目に見えるものがあるので、

「ああ、更年期なんだな……」

と理解できるが、男性は目に見えるものがないのでわかりづらく、ミッドライフ・クライシスとか、心の病と捉えがちだ。

四十代の男性で、家庭をもっている人がいきなり蒸発したり、自殺したり、鬱病と診断され長期休暇に入ったりするのは、何か理由やきっかけがあったとしても、潜在的には更年期なのだと思う。なぜなら、人間には乗り越えられない苦難は与えられないからだ。

不思議なことに男性の場合、家庭をもたない独り者のほうが、ミッドライフ・クライシスにかかりづらいらしい。知人の男性（四十代、子もち、ミュージシャン）いわく、

「重荷や足かせがあればあるほど、そこから逃げ出したくなっちゃうんだよ。これから先、自分にその重荷がしょい続けられるのか不安になっちゃって……」

だそうで、それは家庭をもつ女性も感じていることだろう。

でも、女性は、たとえ家事や育児の負担が大きく、職場や子供の学校関係や、夫との関係など人間関係のストレスもハンパじゃなくても、そこから逃げ出したい、とは思わないものだ。何か解決策はないかと暗中模索するんじゃないだろうか。

いきなり消えていなくなったりはしない。忽然といなくなったら、子供のごはんはどうするのだろう……などと現実的なことが頭に浮かび、自分勝手なことはできない。

男の人は、そういう現実的なことに日々翻弄されていないから、自分勝手なイメージに従って生きることができるが、逆にいえばそこがネックでもあるのだ。

私が一番いい生き方だと思うのは、「今ここ」に生きること。とりあえず目の前の、

やらねばならないことに集中して、それを100パーセント楽しむことである。そうすれば、どうでもいいイメージ的なことは忘れてしまう。悩みもネガティブなイメージにほかならないわけで、考えるだけ時間のムダだ。

「でも、どうしても最悪のことばっかり考えちゃって」

という人は、仕事に集中しているとき以外は、ヘンなことを考える隙もないぐらい、体を動かすのがいい。運動でもダンスでもジョギングでもお掃除でも……。

「それじゃあ、疲れちゃって、どうにもなんない」

というのであれば、頭を切り替えることだ。

憂鬱になってしまうようなことが頭に浮かんだら、それをスイッチオフして、代わりに、自分が楽しくなれるようなことに切り替える。趣味のことでも、楽しかった過去の思い出でもいい。そういうことばかりで頭をいっぱいにすれば、憂鬱など吹き飛んでしまう。

そして、「宇宙の真理」からすれば、人の「思い」が現象をひきつけるので、アホな内容でも、面白いことや、楽しいこと、ウキウキわくわくしてしまうようなことをいつも考えていれば、そういう現象しか起こらなくなる。自分が不幸だと思っている、目の前の現実が次第に変わってくるはずだ。

なぜなら、宇宙にはいいとか悪いとかの価値観がないから。その人が思うことをそのまんまサポートしてくれるので、いいことを思ったが勝ちなのだ。いいことも悪いことも、思ったらすぐ現実化するのが二十一世紀——格差社会化にますます拍車がかかっているのは、そういう理由なのである。

とはいえ、

「だけど、ホルモンバランスが悪い時期に、どうやって明るいマインドでいられるのか、さっぱりわからない」

という人がほとんどだろう。

それにはいろいろプラクティカルな方法がある。ＩＫＫＯさんも実践して十五キロ痩せたとかいう「セロトニンウォーク（朝日を浴びながらの散歩）」でもいいし、とにかくお日様に当たるのがいい。太陽は地球の動植物の生命の源である。光り輝く太陽の下で、憂鬱なことを考える人はいないし、実際、朝日には脳内の「セロトニン（抗鬱剤にも含まれる物質）」を出す働きがある。

歩くのもいいけれど、私はヨガをおすすめする。室内でできるヨガは全天候型だ

し、やろうと思えば毎日できる。気功の小松秀雄先生は、

「欝が入ってきちゃったら、考えるのをやめてすぐ体動かしちやったほうがいいの。スキップしながら憂鬱なこと考えられる人間はいないでしょ」

と、何と六十五にしてルームランナーを買ったらしい。

そう、人によってできることがあるので、何でもいいから体を動かしたほうがいい。そうすると脳も活性化され、体調がよくなるだけでなく、欝が晴れる。

とにかく、更年期はホルモンの大変動期なのだ。生理があった数十年間から、生理がない体に変わるのだから、それにはかなりの肉体的・精神的変化がともなわなくてはならない。

しかし、モノは考えようで、

「ああこれで、ホルモンに振り回されるのは終わるんだ」

と、安心できる部分もある。

思えば生理があって以来、何十年も、生理前は毎月、思春期なんかもうどっぷし落ち込み、恋愛で苦しみ、性欲や物欲に翻弄され……女としての半生は大変だった。

しかし、今まさに大団円を迎えて、それが過ぎればもう振り回されることはない。

「あ〜、生理んなっちゃった」

と、せっかく行った温泉やプール、海に入れないこともうないし、晴れて「人間」として、すがすがしく生きることができる。

「女性が真に社会的な生き物になれる」

と言われている、新しいステージを迎えることができるのだ。

体も頭も柔らかく ストレッチでアンチ・エイジング

四十代になると、体がどんどん硬くなっていくのを感じる。健康に気をつけ、運動している人になればなるほど。

プロになればますます、ダンサーなどは特に感じるらしく、自由に踊れて、それを人に見せられるのは三十代までと自覚している人も少なくない。

逆に健康に対して無頓着で、運動のウの字もしたことがない、という人のほうが、その硬化具合を感じにくかったりする。そしてある日突然、ぎっくり腰になったり、四十肩になったりする。

知り合いの編集者（女性・四十代）も、四十肩になって初めて、それまでは、「ふっ、どうせ流行りモノでしょ」

とバカにしていたヨガをやり始めた。何しろファッション・エディターだけに、毎日おしゃれするのも仕事のうちだ。四十肩では洋服着るのも一苦労、なのである。往々にして、頭が柔らかい人は体も柔らかく、頭が固い人は体も硬い。知的職業についている人は、皮肉なもので頭が固く、理屈っぽい。だから、体も硬いのである。私も頭ばっかり使う職業ゆえ、体がめっちゃ硬い。

「え～、うっそ～、横森さん、体めっちゃ柔らかいじゃん」

と、私と一緒にヨガやダンスをやったことがある人なら思うだろうが、これは、日々の鍛錬の賜物なのである。ヨガやダンスを生理や風邪っぴきで一週間も休んだら、もう全身ガチガチだ。その不快感を知るからこそ、日々動かして、伸ばして、ほぐしているのだ。

逆に頭が柔らかい人は、ヨガやストレッチの必要もないぐらい、何もやらなくても柔らかい。ヨガのポーズなんか最初っから組めるし、自慢される。私の親友もそうで、だから何もしないでいられるのかとも思う。

私なんか、暇さえあればヨガなりストレッチなりダンスなりをしていないと、もう背中なんか亀の甲羅かと思うぐらい硬くなってしまう。だから、「健康オタク」

と罵《ののし》られようが、せざるを得ないのだ。

しかし、体が柔らかい私の親友ですら、筋力の衰えを感じ、疲れやすくなったという。私に比べお出掛け好きでよく歩くが、運動的なことはしていないので、足以外の筋肉が衰えるのだろう。関節の硬化も問題だ。掃除の際ベッドを動かしただけで、股関節に故障を起こしてしまったという。ストレッチぐらいは四十代になったら誰でも日々していないと、と思う。

股関節のストレッチは、「どうしても時間がないという場合、これだけはやっておくといい」とイチローもすすめている。腰割り体操ともいうらしいが、ベリーダンスの準備体操でもする、股関節を広げるストレッチだ。

私の場合、座業なので特に気をつけているが、一時間に一回はストレッチをしている。かつて、ピラティスの先生に何度、

「同じ姿勢で長い時間いると体が固まっちゃうから、一時間に一度はスチレッチして」

と言われても、

「んなもん、集中しちゃったら時間忘れちゃうんだから、無理に決まってんじゃん」

と思って実行しなかった。

しかし、四十代も半ばになった今、長時間同じ姿勢でいるとマジで体が辛くなってしまうので、一時間に一度はストレッチしないといられなくなってしまった。それでも足りないほどである。

この本を書く前に、ベリーダンス健康法の本を書いていて、ムーブメントを説明するのに、踊っては書き、踊っては書きしていたら、すこぶる体調がよかった。疲れ知らずというか、根詰めて仕事をしているにもかかわらず、いつもより健康状態がよかったぐらいだ。

まっこと、体を動かすというのは素晴らしい。ヨガやベリーダンスの先生たちが、いつも機嫌がよくて溌剌《はつらつ》としているのは、仕事柄当たり前のことだったのだ。

四十代になって年々体の老化を実感し、思い出すのが、祖父の言っていた言葉である。小さい頃体が弱かった私は、隠居老人である祖父と家で過ごす時間が長かった。しょっちゅう体調を崩し寝込んでいたし、祖父も私には、〝健康訓〟みたいなものをよく語っていた。そのなかに、

「肉を食べたら、その三倍野菜を食べる」

簡単にできるストレッチ

●股関節のストレッチ

肩を入れる
息を吐き
ながら
手で内側から
外へ押す
足と腰はシコを
踏む感じ

●背中と肩のストレッチ

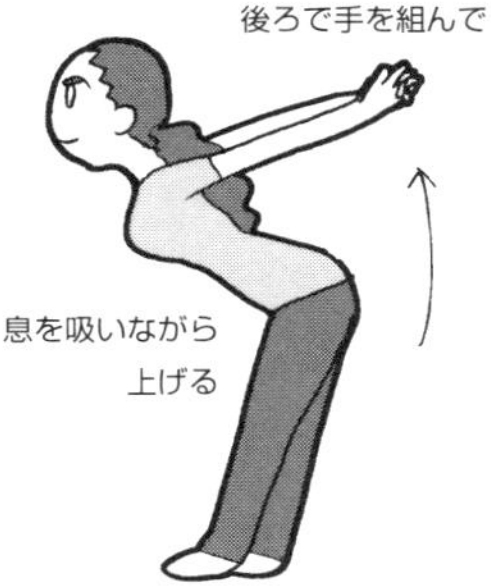
後ろで手を組んで
息を吸いながら
上げる

●体側のストレッチ

伸ばすほうを
もつ
息を吸って
息を吐きながら
伸ばす

●首のストレッチ

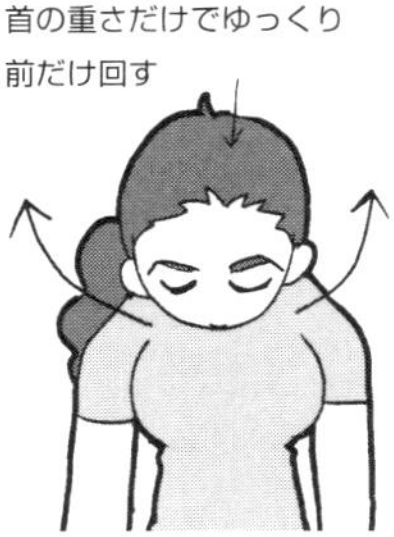
首の重さだけでゆっくり
前だけ回す

というのがあり、これはそのまま、

「体に悪い、体が固まるようなことをしたら、その三倍体を動かす」

に当てはまると、最近感じる。

『原因と結果の法則』を書いたジェームス・アレンという人は、夜明け前に自宅近くの小高い丘に登り、そこで瞑想し、得たメッセージを実際に試して、よかったと思ったものだけ本に記したという。そして午後は家庭農園で半日農作業に精を出し、夜は訪れた人たちに、いろんなためになる話をしていたとか。

三十九歳で本を書き始め、九年間で十九冊の本を記した十九世紀の作家だが、まさに今日でも、四十代の私たちの、生き方の参考になる。

そう、もうこの年になると、半日は体を動かしていたほうがいいのだ。畑をもっていないと農作業は無理としても、家事なり運動なりでたびたび体を動かす（合計半日ぶんぐらい）。肉体を常にほぐして動かし、いい状態を保たないと、いい考えも浮かばない。

何もサイキックやジェームス・アレンのような人だけが、いいメッセージを受け取れるわけではない。誰でも、体と心をいい状態に保てば、いい考えが浮かぶ＝いいメッセージを受け取れるのである。

だから一番重要なのは体を動かし、硬いところはほぐして、心地よく保つこと。年をとればとるほど、もっともっと体を動かしてないと、体は固まる一方だ。だけど動かしていさえすれば、老化も硬化も怖くないのである。

健康が与えてくれる〝心地よさ〟にハマろう

トライバルのスーパースターレイチェル・ブライス
美しく鍛え上げられた彼女のショーは「健康オタクの王道」
私の場合は
仕事の後トレーニングウエアにヒップスカーフを巻いて
音楽に合わせて
踊る！
誰に見せるわけでなし
楽しんで鍛えればOK

ベリーダンスの新しいカテゴリーで、トライバルというのがある。これは近年アメリカで生まれた踊りで、それまでのフェミニンなベリーダンスの動きやポーズを、すべて男性的に変えたもの。

そもそもベリーダンスはアメリカで六十年代、フェミニストたちが女性性を強く表現することで女権を訴え、それとともに全米に広まった。それが近年になり、スーパーフェミニストたちが逆の表現で女権を訴え始めたのが、トライバルダンスの始まりといわれている。

服装も黒っぽいヘビーなもので、オリエンタルベリーダンスの軽やかでセクシーなものとは対極をなしている。それこそ一種のトライバル（部族）であるがごとく、ヘアもメイクも黒々とヘビーだ。過剰な髪飾りを始め、重くてゴテゴテしたお飾りも全身につけているから、踊るだけでウェイトトレーニングをしているようなもの。

その状態でベリーダンスの自然な動きの逆をやるわけで、かなりの筋力トレーニングと日々のストレッチが必要になる。

レイチェル・ブライスという元祖トライバルのスーパースターは、一年三百六十五日、全身見逃すところなく筋トレをするために、ノートにこと細かくその部位を記録しつつ、くまなくトレーニングしているという。

結果、驚愕のダンスが踊れるわけである。その格好をしているだけでも大変そうなポーズを取ったまま、どこも動いていなくても、腹の筋肉だけをCG映像のように動かせるのだ。初来日のショーを見たときは、ほんま、顎がはずれた。彼女のワークショップにも行ったが、半分はヨガだった。

ベジタリアンで、朝五時に起きてまずヨガ、半日は筋トレという修行僧のような生活をしている彼女。ストレッチも、自分で勝手にやると苦しくて短時間で終わってしまうから、ストップウォッチを使って一箇所二分、必ずストレッチをするのだという。

とまぁ、はたから見ると大変ストイックな生活なわけだが、ハマっている本人はいたって楽しそうで、それをアートの域にまで高めたのが、彼女のショーだ。これぞ「健康オタクの王道」といえるだろう。

全身の筋肉を必要以上に鍛えられるこのトライバルダンスを使って、何と筋ジストロフィーを克服したダンサーも、アメリカにはいるというのだから驚く。そのダンサーはもともとふつうのベリーダンサーで、筋ジストロフィーと診断されてからトライバルに転向。楽しんでき、必要以上に筋トレすることで、筋ジスでありながら日常生活に支障がないほどの筋力を保っているというのだ。

これは、老化により筋力の衰える私たちにも、参考になる話ではないか。どんどん衰えていくなら、それ以上に鍛えればいいだけの話なのである。筋力も、体力も、気力も……老化に打ち勝つには、それしかない。

健康オタク道は一見辛そうだが、鍛えた成果が実り、その心地よさが病みつきになったら、快楽に変わるだろう。一種の中毒症状を自分でつくり出すのだ。依存心は誰にでもある。だから、その拠りどころを「健康」にしてしまえばいい。体も鍛えるし、心も鍛える――結果、いつも自分が心地よければ、家族を始め周囲の人も幸せだ。幸せ感は波紋のように、周囲に伝わる。

人間の依存心を逆手に取った方法論といえよう。老化により日々硬化する体、更年期による不調に焦点を当てるのではなく、自分でつくり出す心地よさにフォーカスするのだ。すると、どんどんそっちのほう（快楽）にハマっていくだろう。老化の辛さを語るより、健康の素晴らしさを語るようになるに違いない。

ラッキーなことに私たちは、ウェルネスの研究がされ、老化による諸症状にも、さまざまな対処法がある時代に生きている。だから、何か不調が起こっても、探せば何かしら打開策はあるわけで、困ることはない。

ただ、「健康オタク」があまりにも行き過ぎて、病的になってしまうのはいただけない。昨今、アメリカのヨガマスターで、痛み止めを飲んでまで、無理なポーズをデモンストレーションしている人がいるそうだが、本末転倒もいいところ。それは「YOGA＝ボディ、マインド、ソウルを結ぶ」の意味に反する。

何をするにしても、あくまでも自然な「心地よさ」を追求したいものだ。そうすればトレーニングにより体を壊すこともない。そしてそれを味わうことだ。

年齢を重ねて、若い頃よりできるようになったと思えることは、何事も〝味わえる〟ようになったことだと、私は感じている。

宇宙的に見ても、この星（地球）は、「個」というものがある珍しい星らしく、その肉体をもってこその個別化、この地球上の動植物すべて、そのひとつひとつの違いを楽しめる。食べ物や飲み物の味の違い、香りや、触感、目に見える美しいものたち、きれいな音楽、五感で感じられるものすべてを楽しめるのは、この星に生まれた人たちの特権だ。神様に感謝しなくてはならない。

五歳の娘が見ているＮＨＫ教育テレビの「ぜんまいざむらい」というアニメのテーマソングがまさにそれで、

♪ぜん・ぜん・ぜんまい、回る限り、この世をうーんと楽しもう。お日様沈んでも、お月様は出てくる。それは贅沢パラダイス♪

主人公はぜんまいが頭についてる侍なのだが、そのぜんまいはまんま生命エネルギーの回転だと、私は勝手に考えて面白がっている。

私たちは、確かに、日々年をとっている。だけど、まだまだぜんまいは回っているのだ。ぜんまいが回る限り、この世をうーんと楽しもうではないか。そして自分がいただいた肉体と命も、味わって、楽しむのだ。せっかくいただいたものだから使わなきゃもったいないし、楽しまなきゃソンなのである。

Chapter 4

地球と自分に優しく生きる

ウキウキわくわくする自分のヴィジョンを生きよう

今日本は空前のスピリチュアル流行りで、特に三十代の女性を中心に、「サイキックパワーで誰かを癒せる」、「五感で感じられないものを感じる能力がある（それを伝えられる）」ということがまるで、「私はバイリンガル」とおんなじように、一種自慢のネタになっている。

でも、近い将来、すでにバイリンガルであることを自慢するのが恥ずかしいのとおんなじように、サイキックも、自慢のネタにはならなくなると私は感じている。

というのも、今地球は一大変換期に突入しており、多くの人が精神的解毒（これまでのネガティブな想念が膿のように出ている状態）を体験した後、そういう能力は自然についてしまうからだ。

精神世界を極め、三次元（この世）から四次元、五次元……と、より高次のエネルギー体にトランスフォーム（アセンションというらしい）している友達も言っていたが、みんな自分のハートに心地よく響くことだけしていけば、間違いなんて何一つ起こらないのだ。

ここ（地上）に命と肉体をいただき、生きて、それぞれ体験すべきことを体験して、精神的成長を遂げる。ただそれだけなのである。

ところが人間というのは依存的なもので、苦しいとすぐ誰かを頼りたくなる。それで占い師なりサイキック・リーダーなり、治療家なりヒーラーなりの〝癒し系〟が大流行りになってしまっているのだ。

私もかつてはさんざん頼ったが、今では頼ろうとも思わない。なぜなら、自分で自分を癒せるようになってしまったからだ。お金もかからないし、予約した時間通りにどこぞへ赴かなくてもいい。

幸い、私の場合はいいヒーラーたちに恵まれて、いやな思いをしたことは一度もないし、三十代における精神的成長をサポートしてもらえ、四十代で激化する老化を乗り切る強さもゲットした。

ところが、世の中はいいヒーラーばかりではないらしく、頼っていやな思いをしたり、騙されて金品を巻き上げられたり、まあそんなひどいことがないにしても、似非ヒーラーにハマって、精神的成長もままならず、逆にヒーラー自身のネガティブなものを受けて、身体状態もむしろ悪くなって、依存関係になっている人も（涙）。特に東京のような大都会では、ヒーラー自身がこの最悪の環境により疲弊していることが多いし、不安や不平不満を抱えていることも多い。さらに押し寄せる病人や困っている人を日々相手にしていて、その波動を受けてしまうこともある。

それに、実は天使のように心身ともに浄化された人間でないと、人を癒すことなどできないのだ。たった数週間や数ヶ月のトレーニングを受けて資格を取った程度の人では、個人のエゴを超えることなどできないからだ。

サイキックリーディングは読む人のエゴが入ると、受け手をコントロールしてしまうし、ヒーラーは頼る人を依存症にしてしまう部分がある。もちろん、依存関係に陥るようなヒーラーが必要なとき（段階）も人にはある。でも、早くそこから脱する努力をすべきなのである。

なぜなら最終的に人生は、自分が決断・決意して、実行するしかないからだ。誰

Chapter 4

地球と自分に優しく生きる

も人のヴィジョンは生きられない。与えられた肉体と条件（才能、能力、チャンス）で、どれだけ幸せに、楽しんで生きられるか、と、それだけのことなのだから。

実に人生はシンプルなのだ。私もさんざん悩んだが、結論としてここに行き着いた。最近書棚の整理をしていて、二〇〇四年の「スターピープル」（日本のニューエイジ雑誌）に載っていたアライア・ズィオンドラさん（高次の魂がウォークインする人。地球と人類のアセンション・プロセスをサポートしている）のインタビューを再度読み直してみたら、やっぱり、ということが書いてあった。

この四年の間にも私自身成長していて、二〇〇四年には読んでもわからなかったことが、今はよくわかる。当然のように、納得できるのだ。以下抜粋。

「一人がこの地球で天国を生きることを選べば、すべてにそれが影響を与えるのです。（中略）人をコントロールすることはいけません。コントロールは恐れを生みます。スピリットに従う世界では、恐れは必要ないのです。自分が生きるヴィジョンは自分のものでなくてはいけません。人のヴィジョンを生きてはいけません」

この人生における自分のヴィジョン（どういう人生を送りたいかということ）をもって、それを構築する過程を楽しむ、ということだ。よく、ニューエイジの人たちは「ワンネス」、みな同じ大きな命である、ということをいうが、この地球に肉体をもって生まれた限り、「ひとつであると同時に、ユニークで独自な存在です」とアライアさんは言う。

「みんながマスターで、その人のなかのリアリティをもっています。その人のリアリティに対して完全に主権をもっているとわかっていると、ヒーリングの必要はありません。治すべきものは何もないからです」

じゃあ、自分のスピリットって一体……と、思う人がほとんどだと思うが、私だってそんなもの、見えないし感じない。私は自分がそういう意味で、フツーの人であることを幸せだと思う。ただ、ハートで感じて、好ましいもの、気持いいこと、幸せ感を感じること、ウキウキわくわくすることを、選んで率先してやっていくだけなのだ。そうすると日々幸せに生きられるから。

アライアさんいわくの、「私は自分のスピリットに従って、地上天国を生きています」というのは、そういうことでいないか。そして何を天国と感じるかは、人それぞれでいいのだ。精神世界的なるものの取り入れ方は、この三次元社会（物質社会）では、より現実的なものであるべきだと思う。

自分の調子がよくなる行動や考えを増やす

私の場合三十代だったが、男も女も三十代、四十代のどこかで、ある壁にぶつかるのではないだろうか。

それが病気であれ、離婚、職場の人間関係、あるいはリストラといった問題であれ、自分を成長させるために神様から与えられたものだと思えば、楽しくすらなってくるはずだ。

一方で、何もないお気楽な人生を歩んでいる人にも、平等に老化の壁というのはやってくる。女性の場合は更年期と呼ばれる、中年の体から壮年の体に変化する、肉体的にも精神的にもエネルギーチェンジの時期がそれ。この時期は、相当の健康オタクでなければ、快調に、そして明るくは乗り切れないはずだ。

そう、だから、私はこの本を通じて、とにかく体を動かしましょうよ、自分の体と心に耳を澄ませて、心地のよい生活をしましょうよ、と読者に訴えたいのだ。そうでなければ、体か心、どちらかを壊してしまう。

もし、今アナタが落ち込んでいても、肉体的に健康ならば、その健康に磨きをかけることで落ち込みすら何のことはなくなる。楽しく体を動かしているうちに、欝が晴れていた、ということだってあるはずだ。

ただ、本当に動けないほど落ち込んでいるときには、ニューエイジ系の本を読むことは有効だ。高いお金を支払ってその手のセミナーに行く必要はないが、本や雑誌ならば、千いくらかで手に入り、場所や時間に関係なく読むことができる。

それに、本や雑誌の記事はそのときわからなくても、前述のように何年かたってから再度読むとわかったりするので、お得なのだ。ニューエイジ系のセミナーでも、あまり高額ではなく、大規模でない、草の根的なものだったら参加してもいいかもしれない。

私も三十代の精神修業時代、よく外国のニューエイジプレイスを旅した。セドナやバイロン、マウイなどでチャンティング（お祈り）会なども出てみたが、人々がオープンマインドで誰でもウェルカムなので、面白い経験をした。ニューヨークのニューエイジセンターでもワークショップやセミナーに参加した。参加費などものの二、三十ドルだった。

高額ならいただけないが、お手頃価格で、ニューエイジの人たちが宇宙意識を沢山勉強して、それをみんなに伝えるのは大変いいことだ。その手の本は結構難しいから、それを一般のレベルでもわかるぐらいまで噛み砕いて説明してくれる人が、もっともっと増えるといいと思う。

ニューエイジ的な考え方は宗教ではないから、どんな人の人生にも取り入れることができる。人生に壁を感じたり、ある問題が起こったときなど、それまでの価値観にこだわっていると乗り越えられない気がするが、考え方をニューエイジ的なものに変えると、どんどん楽になっていくのを感じるはずだ。

自分が楽で、楽しいほうがいいに決まっている。誰しも、辛い思いをするために生まれてきたわけではないだろう。ならば今すぐ、幸せになることを選択し、楽しい人生を実行すればいい。

何をもって幸せとするかは人それぞれだが、これだけはいえる。どんな価値観があったとしても、そのすべての根底にあるものは「健康」なのだ。だから私は、『地味めしダイエット』の発刊以来、ずうっと「健康が一番大切」と書き続けている。

これは私自身が三十代で子宮筋腫という病気を通して学んだことであり、今、四十代でプレ更年期にあっても、その時々で、そのときの自分に合った健康法を見出していかねばならないと、痛感している。

「二十一世紀は健康が一番の豊かさとされる時代」

といわれて久しいが、まだそこにシフトしていない人が多くてちと悲しい。

がしかし、それぞれ本人が楽しくしなきゃ始まんないわけで、価値観は人それぞれだから、何ともいえない。私自身は「健康オタク道」をマイペースでやっていて、年々老化しているにも関わらず、鍛えれば鍛えるほど前向きな気持になれるので、やっぱりこれしかない！　と感じてしまう。

とはいえ、トシはトシなので、体を動かすことにすら疲れてしまったときは、昼寝をしたりの休息も必要だ（マジで）。心地よいと思っているオタク生活も（ふだんはほとんど家と事務所をジャージで往復しているだけ）、たまにおしゃれをしてお出掛けしたりすると、それはそれで気分転換になって、これまた健康効果があるなと実感する。

要はバランスなのだと思う。この俗世に生きている限り、俗っぽいものを無視して生活するのもつまらないし（ならば山に篭ったほうがいい）、オーガニックな食生活と早寝早起き、ヨガとベリーダンスと気功とジャージ生活だけが健康オタク道ではなく、くだらないアメリカのテレビドラマを見るのも、ワインを飲むのも私にとってはまた健康法だ。

何が健康効果をもたらすかは人それぞれなので、走りたい人はガシガシ走ればいい。ただ、いつもちゃんと確認して欲しい。何をどの程度やっているときが楽しくて、気持いいか。そして、どういう状態のときが不愉快で悲しいか。自分自身調子のよくなる行動や考えを増やして、調子の悪くなる行動や考えを少なくしていけば、必ずや人生の壁は、誰でも乗り越えられると思う。

人は悩んでいるとき、誰かにどうすればいいかをとにかく尋ねたくなるものだが、「自分の最高の師は実は自分なのだ」ということに気づいて欲しい。なぜなら、自分のことは、自分が一番よくわかっているはずだから。

おせっかいな人が、ああしろ、こうしろ、と言っても、たとえ世の中の価値観や常識がアナタをがんじがらめに縛っても、それに従うことはないのだ。もちろん、法に触れたり人に迷惑をかけるのはよくない。でも、それ以外なら、自分の価値観、感性で生きるのが、一番健康で幸せに生きていける道なのだ。

〝なりたい自分〟を唱えるアファーメーションのススメ

アファーメーションの言葉を考える
うーーん…
私はネガティブな思考をもちません…とか?
でも…何かの否定じゃなくて
毎日言うならポジティブな言葉がいいわ
私は愛を実践します!
私は愛を実践します!!
本当に効果てきめん!
なりたい自分にすでになったつもりで言おう!

今現在、人生の壁にぶち当たり、肯定的なことは何一つ考えられないし、努力もできないという、まさにネガティブワールドに住んでいる人にもおすすめなのが、アファーメーションというニューエイジわざだ。

落ち込んで、ニューエイジの本を読んで、その理屈はわかっても、どうしても前向きになれない、最悪のことばっかり考えちゃうし、一番なって欲しくないことばかりを恐怖に思い、それを現象化している人たち。

バシャールは言う（バシャールなんて宇宙人じゃん、と思ったらそこまでだが）。「宇宙にはいいとか悪いとかいう価値観はないのです。人が思ったことをそのまんまサポートしてくれます。だから、イヤだなと思ったことは、考えなければいいのです。そしたらそれは起こりません」

こうはなりたくない、そうなって欲しくない、こうなったらどうしよう、ということばかりを考えていると、それが実現化しやすいのも二十一世紀。神様は何でもサポートしてくれちゃうからだ。だからポジティブな人とネガティブな人の格差が広がり、現象として格差社会が進むということになっているのではないか。

将来を不安に思い、こうなったらどうしよう、とネガティブなことばかり考えて

いると、それはすぐにも現実化し、

「やっぱり。一番恐怖に思っていたことが起きた」

と、自分の〝不幸になるに決まっている〟と思う信念に確信をもつ。

「ほうら、やっぱりね……」

と。

「で、それでアナタは幸せなの？」

と尋ねれば、

「最悪に決まってんじゃん」

とアナタは言うでしょう。じゃあ、考えなければいいだけなんですよ。

気功の小松先生は最近、「宇宙の真理」を理屈で提供しても何も変わらないぐらいスーパーネガティブな人が増えているので、自宅で誰でもできる簡単な運動を教えているという。

体を動かして心をカラッポにするのが気分転換には一番だからだ。私の場合、ベリーダンスを踊っちゃうのが一番で、ヨガや気功や散歩も二番、三番、四番ぐらいに効果がある。

でも、あれもこれも、努力は一切したくない、だから自分はダメなんだ、というスーパーネガティブな人でも、アファーメーションは口に出して言うだけだから、おすすめだ。

これは、今の状況やネガティブな感情など一切無視して、〝なりたい自分〟になるパワフルな方法。自分で〝こうなりたい〟という言葉を、一日最低一回、最高何回でも唱えるだけ。口に出して言うことで、音には音色があるから、パワフルに自分の波動＝エネルギーを変えてくれる（だからネガティブなことは思っても口に出して言わないほうがいい）。

プラス、自分で言い、自分の耳に入ることで、〝自分洗脳〟してしまうという、スゴわざなのだ。

私はこれ、アイリーン・キャディさんという瞑想の達人（イギリスはフィンドボーンという奇跡の地に、お祈りコミューンをもつ）の本で読んだときは、

「へえ、面白いな、でも、うっそでしょ～」

と思ったが、何年かして四十代の老化が始まり、その不調を乗り切るために仕方なく始めたら、そのドラマティックな効果に驚いた。

私が四十一の頃、一番悩んでいたのが体力の低下で、仕事をしながら子供と夫の世話をして、食料や消耗品の管理調達をし、毎日ごはんをつくらなければならないのが本当に苦痛だった。

でも、誰も代りにやってくれる人はいない。夫に少しでも料理をして欲しくて『パパごはん、カレごはん』という男性初心者向けレシピ本までつくったが、夫はそれを見ようともしなかった。離婚まで考えたが、まだ小さい子供が可哀想で別れられず、過労から不眠やプチ鬱まで入った。

それでまた、気功の小松先生のところに通い始めたら、

「そういう不調はね、考え方を変えるのが一番なの」

と言われ、一回セミナーに参加したら、アファーメーションの勉強会だったのである。

やり方は簡単、自分がなりたい自分、やりたいこと、夢や希望みたいなものを三つ考えて、それを口に出して、毎日お祈りみたいに唱えるだけ。私の場合、

「私は愛を実践します」

と一ヶ月唱えたら、ごはんをつくるのが苦ではなくなった。それが家族に対する

愛だと思えば、喜びにすら思えるようになった。ま、疲れていない朝のうちに仕込む、というわざも考えたわけだけど。あとの二つは恥ずかしいのでここでは書かないが、実際に過去数年間、結果を出してきたと感じている。

アファーメーションはその時々で、そのとき困っていることに焦点を当てて（自分の今の問題点）、それを解決するよう書き換えていい。それでこの間、四年ぶりに新しいアファーメーションを書き加えた。

「私は常にポジティブでいられます。
私はいつも健康で、
明るく楽しく生きています。
私は自分のスピリットに従って、
地上天国を生きています」（読者使用可）

何年かに一回書き足していくと、どんどん唱えるアファーメーションが長くなっていく――ああ、こうやってお経というのはできたんだなぁと妙に感心。現代版お経は、オートクチュールを自分でつくるしかないのだ。ぜんっぜん、嘘でもいい。声に出して言うだけで、次第にその気になってくるから。

太陽のエネルギーを浴びて元気になろう！

トシをとると、若い頃ほど沢山食べられなくなるし、食べても吸収しづらくなってくる。だから、食べ物以外のエネルギーを吸収する方法を身につけるのが得策だ。この章では、いわゆるニューエイジ的なものに目を向けると、年齢的な壁が乗り越えられると提案してきた。でも、何もそれはニューエイジ本を読み、考え方を変えるだけではない。

日本には八百万の神という、万物教（すべてのものに神が宿ること）の考えがもともとある。日本人なら、それを思い出せばいいだけなのだ。私たち世代なら、おばあちゃんたちは必ず、お天道様に手を合わせ、トイレの神様にも拝んでいたはず。それを思い出し、実践するだけでいい。

なぜならあらゆる目には見えないエネルギーを研究し尽くしているニューエイジの方々が書いた本にも、おんなじことが書いてあるからだ。日本人はそれを、最初から知っていた！　といっても過言ではないだろう。

私も四十代になってから、太陽の力を思い知るようになってきた。天気のいい日は曇った日より確実に元気だし、早寝早起きして朝日を拝んだ日には、理屈ではなく、腹の底（臍下《せいか》丹田《たんでん》）から、

「大丈夫だ！」

という気になってくる。

そのうえ、その朝日に向かってサンサルテーション（太陽礼拝のポーズ）なんかしたら、なお一層エネルギーが増し、一日が快活に、幸福感に満ちて送れる。

これは私だけでなく、早寝早起きとヨガを実践し始めた人みんなが感じていることだ。太陽はこの地球すべての命の源。それに感謝して拝むだけでなく、肉体（内臓まで）を活性化するヨガの動き、プラス、深い呼吸によって大気中に存在する「気＝エネルギー」を取り込むのだ。元気にならないわけはない。

こうやって、どんどん食べ物ではないエネルギーを取り込んで達人になると、あ

太陽礼拝のポーズ
体側から
両手を
上げて
合掌
足を後ろに…
体を前に倒す
上半身を
そらして
腰を上げる
再び
合掌
腰を落して
上体を起こす

まり食べなくても生きていけるようになるらしい。ヨガの達人は一日一食（それも大盛りの生野菜と果物のみ）、ある瞑想の達人は、水だけで何年間も生きているという。

こういった達人が今世界には何人もいるらしいのだが、彼らは朝日と夕日に向かって何時間も瞑想し、食べ物ではないエネルギーで生きているという。

ま、俗人はそんな域まで達する必要もないし、いろんな食品の美味しさを味わうのも俗の楽しみだから、それを捨てる必要もない。しかし、トシをとって目減りする元気ややる気を、目には見えないけれど確かに存在する「気＝エネルギー」で摂取する方法を身につけるのは素晴らしい。

「気」の存在が信じられなくても、朝日を浴びると人は脳内に「セロトニン」というホルモンを生成し、やる気が出てくるのはご存知だろう。

雑誌テレビですでに有名な「セロトニンウォーク」を、実践している人も少なくないはずだ。

「セロトニン」は抗欝剤にも含まれているもので、朝日を浴びながら歩いて、それを自力で出せ、というわけだ。歩くと脳も活性化される。クスリには副作用があるが、朝日を浴びて歩くことに弊害は何もない。

私が自然療法好きなのは、ここに集約される。弊害がなく、お金もかからない。お金は、始めのうち、困って誰かプロフェッショナルを頼っているときにはかかるが、自力で健康に・幸せになれるようになったら、もうかからない。

化学薬品を製造する際には環境破壊も付き物で、さらにそれを摂取することで人体にも悪影響がある。新薬は、それを摂らねばどうしようもないとき（緊急時）にはありがたいが、できたら摂りたくないものである。

それに比べて自然療法は、環境にも自分にもお財布にも優しい方法なのである。

栄養を食べ物以外でも摂れるようになると、いわゆるご馳走といったものには興味がなくなるから、価値観やライフスタイルもだいぶ変わってくるだろう。

一般にはいまだ飽食の時代で、メタボ云々といいながらみなさん高価でグルメで消化に悪いものをたんとお食べになっているが、私には〝遅れている〟としか思えない。

躍起になって働いて体や心を壊し、輸送時にCO_2を撒き散らして環境破壊に貢献した、高価で体に悪い輸入品を食べて、さらに消化器系に負担をかける――まさにアンチロハス的なライフスタイルといわざるを得ない。

とまぁ、あんまりイデオロギッシュになるのもバランスを欠くので、たまにはそういうのもアリというぐらいにしておこう。しかし基本的には、この地球も人類も、未来永劫継続可能なライフスタイルにシフトしていく必要に迫られてるのが「今」なのだ。

早寝早起きをすれば、明るいうちに仕事をして、電気を必要以上に使わなくなる。健康にもよくて環境にもいい。お財布にも優しいから、必要以上に働かなくてもよくなる。

もちろん、やり甲斐のある仕事で社会貢献するのは大切だ。だけど、体を壊すまで働いて、必要以上の収入を得る必要もないのである。

私は三十三歳で子宮筋腫という病気が与えられてから、それまでの昼夜逆転生活をやめ、ヘルスコンシャスに生き方を変えた。それからはずっと、「ローカルに生き、グローバルに考える」を心がけている。食でいうとそれは「ローカルに食べる＝地元で採れたものをいただく＝輸送時にあまり環境破壊をしていない」という考えに繋がっている。

今、地球環境がこれだけ壊されていて、CO_2排気量世界一である日本は、ほんとにもう、考え直さざるを得ないのだ。今、中年から壮年に差し掛かり、自分自身もライフスタイルを変えざるを得なくなっている人たちは、ちょうどいい機会だと思って欲しい。

ニューエイジ的な考え方は地球環境にも優しい

私は常々、人間の体に起こることは地球にも起こり得る、と感じていて、実に人間の体と地球は同じである、と思っている。だから人が、心と体の健康や幸福感を取り戻したかったら、地球環境にも目を向けざるを得ないのだと思う。

その辺がなかなか繋がりづらいから、近年流行りの「ロハス」(環境と健康重視、地球と人類の未来にも継続可能なライフスタイル)という言葉にも、ピンとこない人が多いのではないだろうか。

かの坂本龍一氏がいみじくも、「エゴからエコへ」とおっしゃっていたが、実はその通り。氏もご自身の健康を考え始めた年齢から、地球環境にも目がいくようになったのだろう。トシをとって弱っていく人間は、今、環境破壊により疲れ果てた地球とおんなじなのだ。

私が三十代で、子宮筋腫を自然治癒させようと躍起になっていた頃、インカ帝国の末裔とかいうヒーラーが来日して、思わずヒーリングを受けに行ってしまったのだが（高かった）、なぜ行ってしまったかというと、案内状に、以下のようなことが書いてあったからだ。

「一九九二年二月四日、インカの長老たちはアンデスの高地に集まり、会合を開いていました。そこへ西の空の虹のなかから、一人の女の人が泣きながらやってくるではありませんか。女の人のおなかは大きく、それを抱え悲しそうに言います。

『私はもう、このおなかのなかにあるものを、生み出す力がありません』

長老たちにはわかりました。その女性が〝地球〟で、そのおなかのなかにあるものが〝希望〟なのだと。地球はもうここまで、〝生きる力〟と〝新しいものを生み出す力〟を失ってしまっている。

長老たちはその日をレインボーデーと名づけ、地球がもう一度元気になり、人々が希望に満ちた生き方ができるようになるよう、お祈りを始めました」

その頃の私は、厄年で嫌なことが立て続けに起こり、しかも子宮筋腫で不妊だっ

た。仕事は暗礁に乗り上げ、もう、夢も希望もないような状態だったのだ。だから、この文章を読み、

「こ、これは私のことではないか！」

まさに地球と女体とおんなじなり！　と、思わずそのインカ帝国ヒーリングを予約してしまったのだった（詳しくは『愛しの筋腫ちゃん』で……）。

ま、そのヒーリングによって子宮筋腫や不妊がいきなり治ったわけではないが、一連のニューエイジ的な精神的・肉体的修業により、私が再び、「希望」をもてるぐらい元気になった結果、今があると断言できる。

病気や事故、不幸など、それまでの生き方を考え直さざるを得ないような〝何か〟が与えられない人でも、「老化の壁」というのは必ずあると思う。そして男女を問わず、更年期的なホルモンバランスの崩れも……。だから、その壁を乗り越え、また元気に、希望を自らつくり出せる人間になるよう、できることはしたほうがいいのだ。

何もしないで、ただのんべんだらりとダメになっていくばかりではナサケナイ。せっかくこの世に生を受けたのだから、それをムダにしないで役立てねば。何がも

ったいないって、命の無駄遣いが一番もったいないからね。

思えば、子宮筋腫という病気以前の私は、エゴと欲にかられ、振り回されていただけだった。昼夜逆転の生活と暴飲暴食、楽しくてやがて悲し……健康とか、自然環境なんてまったく考えなかった。

それが、病気というきっかけが与えられ、生き方を考え直さざるを得なくなった。なぜなら、そうしないと治らないからだ。まさに、

「エゴからエコへ」

になってしまったのである。

オーガニック無添加の食生活も、病気を治癒させ、健康度に磨きをかけるために始めたものだが、農薬や化学調味料を使わない、それもできるだけ国産の食品を選ぶことで、環境保護にも繋がっている。

早寝早起きは、アーユルベーダの先生に教わって始めたものだが、それも、今思うと環境保護に繋がっているのだ。早起きして、日中に日当たりのいい場所で仕事をすれば、電気代はほとんどかからない。そして日暮れとともにすべての作業は終了。体にもいいし、地球環境にも優しい。

アーユルベーダの先生は、

「人間は太古の昔から、日の出とともに起き、日暮れとともに休んでいた。それが、電気が発明されてからというもの、いい気になって夜中に起き、仕事をしている。だから、体も心も壊すんじゃ」

と言っていた。そんな当たり前のことが、当時の私には驚きで、かつ、夜型の生活を朝型にするのに、えらい苦労を余儀なくされた。

しかし、今になって思うと、四十代になって老化の壁にぶち当たる前に、自然に早寝早起きが身についていてよかった。早寝早起きしていれば、疲れる程度もたかが知れているし、夜ちゃんと寝れば疲れがすっきり取れ、また朝には元気、前向きな気持にもなれる。

早寝早起きして朝日を拝み、夕日を拝んでその日一日の始まりと終わりを意識すれば、自然と地球コンシャスになってくる。自ずと、大自然の美や環境保護にも目がいくようになるだろう。そしてそのために、微力ながら活動しようと思うようになる。

あと何十年生きられるかわからないが、私は、死ぬときに少しでも、自分がこの地球と人類のため役に立ったと思って死にたい。人としてここに生まれてきた以上、ほんとはみんなそう思っているのではないだろうか。

それぞれ、自分ができることでいい。それを一歩一歩、もう始めていく時期なのだ。そして地球を癒せば、自分も癒されるに違いない。

Chapter 5

たった一度の人生、輝かなくちゃ！

ウェイブスペルで自分の人生をチェック

あれやこれや考えるとキリはないけど、詰まるところ人生はその人次第だし、その人の価値観で満足できれば、それでいいのではないかと思う。

「満足できないから不平・不満・愚痴・泣き言が出てくるし、悩むんじゃないか！」というのであれば、価値観を変えるしかない。人には共通意識というものがあるから、今悩んでいる人は、「ああ、時代の流れに沿っているんだなぁ」と思って欲しい。

現在、地球は大変換期にあり、二〇一二年からは、それまでの物質主義社会から、精神主義社会に変わるといわれている。マヤの予言にも、

「二〇一二年には、人類はもうこれ以上、物質的に進化することはできません。そ

れ以外の道を選ばなければならない」

と記されているらしい。

なぜ二〇一二年かというと、マヤ歴では十三年ごとに時代が変わって(進化して)いき(一年も一ヶ月二十八日の十三ヶ月)、二〇〇〇年から十三年目がちょうど二〇一二年に当たるのだ。

二〇〇〇年といえば、二十一世紀の幕開け。二十一世紀といえば、アクエリアスの時代、人々がよりスピリチュアルに生きるようになる時代といわれている。

マヤ歴は、太陽と月と地球の相関からできていて、それに従って生活すると、宇宙のなかの地球、その自然な流れで存在している生き物としての自分を意識することができ、自然に生きとし生けるものたちとの共存感覚、太陽や自然に対する感謝の気持が生まれてくるという。

私はこれ、ピラティスの酒井先生に、

「自分にも、地球環境にも、一番いい生き方ができる方法を学ばない?」

と誘われ、ワークショップを受けて勉強し始めたばかりなのだが、このウェイブスペルという十三の月回り、年回りが、私の過去にばっちりはまっていて驚いている。月ではあまり意識できなかったのだが、過去十三年を振り返ると、恐ろしいほど……。

一九八七年からの十三年は、私の場合、経済的自立を図る十三年だったのだが、二〇〇〇年からは精神的自立を図る十三年間に突入した。プラス、自分がこの人生で何をすべきかが明確化された時代ともいえる。

ちなみに今年、二〇〇七年~二〇〇八年は「実現化」の年回りだ。十三のウェイブスパイラルには精神的成長を支えるテーマがそれぞれあり、月でも年でも、一から十三まで、成長の過程が記されている。つまり、十三年で一回りする年にもそれぞれ意味があるが、一年の十三ヵ月にも、それぞれのテーマがある。

たとえば月でいうと、七月二十六日から始まるマヤ暦の正月は、「磁気の月」で、そのテーマは「私の目的は何か?」。ここからスタートして四ヶ月が「行為の基礎を確立する」時期。

たとえばそれが仕事だったら、「私の目的は何か?(磁気の月)」→「私のチャレンジは何か?(月の月)」→「私はその夢をどういう方法で表現できるか?(電気の月)」→「どういうスタイルで仕事にしてゆくか?(自己存在の月)」と続く、べ

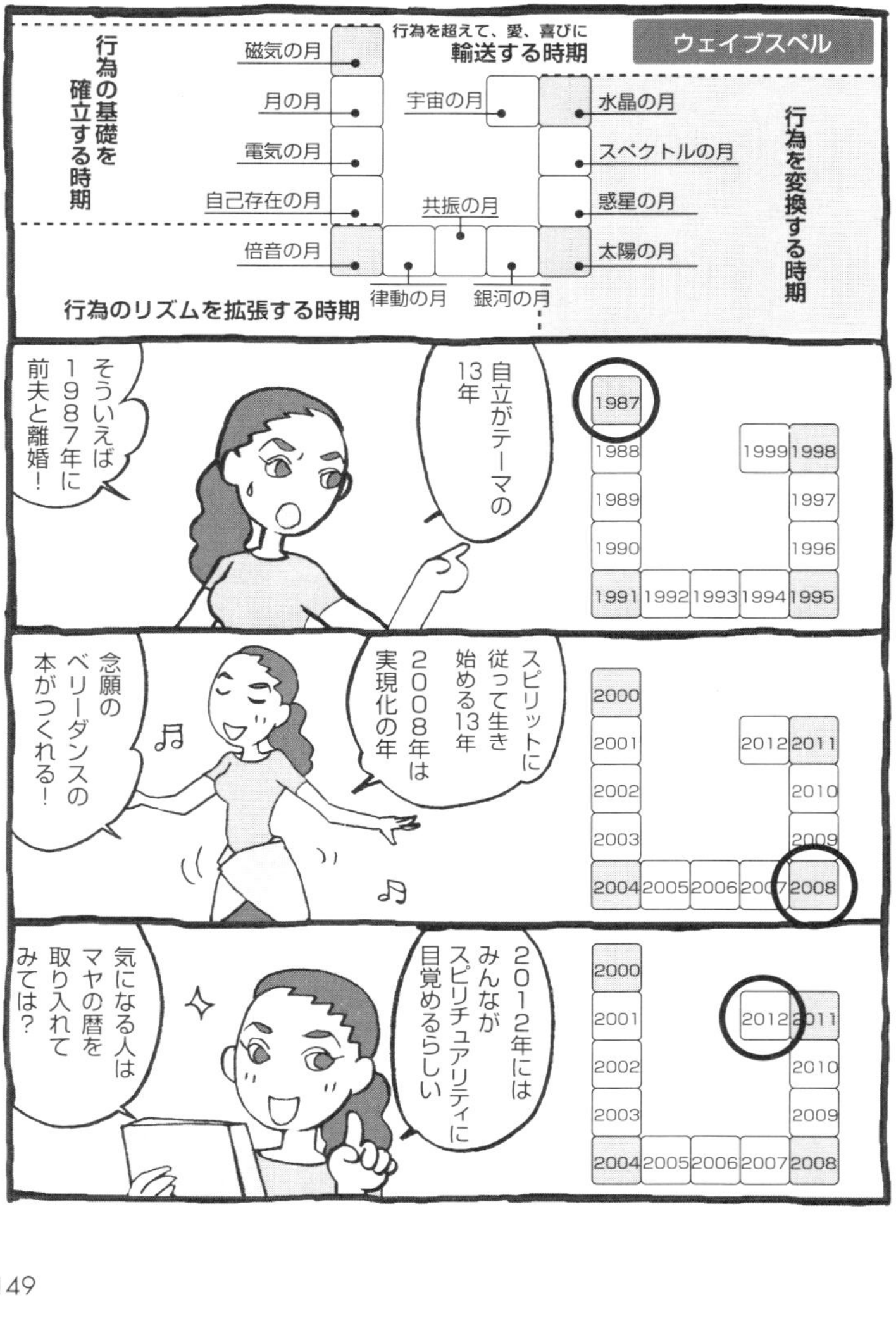
ウェイブスペル
行為を超えて、愛、喜びに
輸送する時期
行為の基礎を確立する時期
磁気の月
月の月
電気の月
自己存在の月
倍音の月
律動の月
共振の月
銀河の月
宇宙の月
水晶の月
スペクトルの月
惑星の月
太陽の月
行為を変換する時期
行為のリズムを拡張する時期
自立がテーマの13年
そういえば1987年に前夫と離婚!
1987 1988 1989 1990 1991 1992 1993 1994 1995 1996 1997 1998 1999
スピリットに従って生き始める13年 2008年は実現化の年
念願のベリーダンスの本がつくれる!
2000 2001 2002 2003 2004 2005 2006 2007 2008 2009 2010 2011 2012
2012年にはみんながスピリチュアリティに目覚めるらしい
気になる人はマヤの暦を取り入れてみては?
2000 2001 2002 2003 2004 2005 2006 2007 2008 2009 2010 2011 2012

ースづくりの時期なのだ。

その次の四ヶ月が、「私自身に問う。自分の力をうまく発揮するには？（倍音の月）」↓「他の人の需要は何か？（律動の月）」↓「社会と自分のやりたいことを合わせるには？（共振の月）」↓「自分の信じている通りに生きているか？（銀河の月）」で、「行為のリズムを拡張する」時期。

その次の四ヶ月が、「実現化。どうしたら目的を遂げられるか（太陽の月）」↓「私のすることをどう仕上げるか？（惑星の月）」↓「どのように解き放ち、なすがままにするのか？（スペクトルの月）」↓「ほかの人に協力してゆき、生きとし生けるものすべてに自分を捧げる（水晶の月）」で、「行為を変換する」時期に当たる。

そして最後の一ヶ月が「行為を超えて、愛、喜びに（宇宙の月）」というテーマで、「輸送する」時期。この月が七月二十四日までで、七月二十五日は「時間をはずした日」として、お祝い、感謝の気持を分かち合うお祭りの日に当てるのだという。

現代人はこの暦ではなく、グレゴリオ暦というローマ法王がつくった不自然な暦と、一日二十四時間の人工的な時間で生活しているから、ストレスがたまり、自分を見失い、自律神経もおかしくなっちゃっているらしい。

ま、これも、信じるも信じないも勝手だが、ウェイブスペルは、誰でも過去を振り返り、「自分の人生の満足度チェック」として使用するにはもってこいの方法だと思った。

自分のなし得てきたことを再確認して、これからもなし得るだろうことを、宇宙の流れに乗せてスムーズに進めるためにも、有効だと思う。

『時間は、コズミック・オーダー（有機的秩序）マヤの叡智と日本人の魂の融合』の著者、柳瀬宏秀さんは、人類が二〇一二年に向けて精神的進化を遂げるために、本の執筆やダイアリー制作、セミナーなど開催しているほか、「ナチュラル・マインド・メディテーション」を実践。

これは人が理屈で「考える」ことをやめてハートで感じることができるようになる訓練で、何と水晶の日（マヤ歴に満月の周期を取り入れたコズミックダイアリーを参照のこと）の夜九時（日本時間では）に「世界同時瞑想」をしているという。さらにそれに参加してくださいと呼びかけている。

みんなでナチュラル・マインド・メディテーションをすることとは、生物圏をテレパシーのネットワークで結びつけ、「意識の惑星化」するための行いなのだという。

ま、これはひとつの例なので、したい人はすればいいし、ピンとこない人はしなければいい。でも、自分がもし、わくわくして日々を充実して過ごせている状態になかったとしたら、こんな訓練をしてみるのもいいかもしれない。

悩んでクサクサしている状態は、その人自身が、本当の自分を生きていない証拠だから。本当にやりたいこと、自分自身を表現できること、自分の肉体や能力を使って社会に貢献できることをしていたら、人は輝き、幸せに満ちるもの——それが人生の満足度にほかならないと私は思う。

できるところからエゴとエコのバランスを取る

地球が大変換期にあり、すべての人がスピリチュアリティに目覚め、地球コンシャス、宇宙コンシャスに生きる必要に迫られている。とはいっても、どこまでできるかは人によって違うだろう。

マジでエコを考えたら、究極、山に篭って自給自足の生活をするのがいい。世界には、いや、日本にも実践してる人はいる。電気は風力発電、トイレはコンポスト(排泄物に枯葉をかけて土に返すどっぽん便所式)、水は井戸か、雨水をためたものを使い、子供はホームスクーリング(自宅学習)で、これ以上自然を破壊しないように生きる生き方。

私はオーストラリアのヒッピーコミューンを取材したことがあるのだが、七十年代に都会の大学をやめ、生き方を変えた親たちの第二世代がちょうど大学に進学する頃だった。インタビューしたのはそのコミューンで育った男の子。当然ベジタリアンで、環境学を専攻する、心優しい青年だった。

親もただ自給自足の生活をしているだけではなく、アーティストだったり、作家だったり、ヨガの先生だったり、セラピストだったり、ソーシャルワーカーだったり、ハーブやアロマ製品をつくって売っていたり、何らかの社会参加はしていて、社会や地球に貢献できる子供を育てているというわけだ。

ヒッピーカルチャー発祥の地といえばサンフランシスコだが、アメリカのテレビドラマ『ダーマ＆グレッグ』は、そのサンフランシスコを舞台とした、ヒッピーコミューンで育った女性と、裕福なエリート家庭で育ったコンサバな男性の結婚生活の話。双方の価値観やライフスタイルの違いが、親たちもひっくるめて面白おかしく描かれている。

ダーマは典型的なヒッピーコミューン育ちで、地球や生きとし生けるものに優しいフリーマインドの女性なのだが、そのダーマでも負け負けの気分になってしまうぐらい、めっちゃ〝地球を救ってる〟幼馴染が、ある日現れる。

これを演じるのがジュリエット・ルイスではまり役だったのだが、グリーンピースで働き、北極で絶滅しかけている動物の保護に従事していた。お母さんのいなくなったアザラシの子供を乳離れさせてから帰ってきたという設定だ。

財産はトランクひとつ。食べ物は半径十キロ以内で採れたものしか食べない（輸送された食べ物はCO_2を排気して地球を壊しているという考え）。だから食べられる雑草に詳しく、その場その場で摘んできてはサラダにして食べている。当然、熱帯でしか採れないコーヒーは飲まない。

買って食べるものにしても、オーガニックかつ地元で採れたものしか食べない。無農薬野菜を食べるのは、私なんかは健康にいいから始めただけだが、農薬を使っていないから地球環境を壊していない、という理由で、本物のエコの人たちは始めているのだ。

ヒッピーコミューンで生活するダーマの両親ですら、たまに〝安いから〟という理由でオーガニックではない野菜を買って食べたりしているのに、この子は決して意思を曲げない、ということで、

「偉いわねぇ」

とママが褒めたことから、ダーマは躍起になって、〝どっちが地球を救ってるか〟競争をし始める。

夫のグレッグまでもが、テレビを見ることに罪悪感を覚え、どうしても見たいスポーツ放送も我慢し、でも耐え切れなくなってラジオで聞いたりして、とうとうテレビを捨てる覚悟を……。

彼女の滞在で揺れに揺れたみんなだったが、また彼女が〝地球を救う〟旅に出たら、ほっとしていつもの生活に戻っていった。ソファの下に隠していたテレビのリモコンもまた掘り出した。コーヒーも美味しく飲んだ（笑）。

これを見ていて、ホント人によって器が違うんだから、気持よくできるところまででいいんだなぁとつくづく思った。まぁ慣れもあるので、自分をエコライフの不便さに慣らしながら徐々にシフトしていく必要もあるが、極端に、いきなり原始生活は無理がある。

それに、幸せの価値感は人それぞれ、無限にある。何をもって幸せとするかはその人次第だし、何を選択するかもその人の自由。自分がいただいた命と肉体なのだから、自由に使っていい。

ただ、オーガニック洗剤のパッケージに書いてある、「私たちの選択、決断が、未来を大きく左右します。七世代後のことを考えて……」な〜んていう文章を読むと、やっぱり、できる限りは地球に優しい生き方をせにゃー、と思ってしまう。

でもって高くても、汚れが落ちなくても、これからは絶対エコ洗剤を使う、化粧品なんかもできるだけ無添加の国産品を使う、と決意した二〇〇八年。微力ながら地球を救ってる誇らしさとは裏腹に、そのパッケージのダサさ、色気のなさに愕然としている。

海外旅行好きの夫は、一回飛行機に乗ったら、イギリスみたいにCO_2排気量を換算した金額を発展途上国へ寄付するべきだと言い出した。先進国の環境破壊によって被害をこうむっている国に、自分の出しているCO_2排気量をお金に換算して寄付するシステムが、イギリスにはあるとテレビで見たからだ。

オーストラリアに住む私の友達の両親は、散々文明の利器は楽しんだし、環境破壊もしてきちゃったから、もう飛行機は乗らないと決意した。それもいいかもなぁと思いつつ、マイレージがたまっていたので、年末のエアチケットを購入してしまった(く〜っ)。

エゴとエコのバランスを取る――高度成長期に育ち、バブル期に青春を過ごした私たち世代には修業かもしれないが、無理のない範囲からスタートしたい。それが中年以降の、人生の満足度にも繋がるのではないだろうか。

一日をゴキゲンに過ごせればゴキゲンな出来事がやってくる

今、私の周りで、ロンダ・バーン著『ザ・シークレット』が飛び交っている。全世界で八百六十万部突破、日本でもベストセラー第一位独走中だが、要するに宇宙の真理〝引き寄せの法則〟をわかりやすく記したものだ。

ニューエイジ系に興味があって、勉強している人なら誰でも知っているこの法則。宇宙の法則では、「自分が与えたものが自分に返ってくる」、「思ったことが現実化する」、だから、ネガティブなことは決して考えてはいけない、心配もしてはいけないし、不平、不満、愚痴、泣き言、人の悪口、批判もしてはいけない――ということを、これだけ多くの人が読む＝知る時代になったということに、私は喜びをもって驚いている。

何せ、私のベリーダンス仲間のお父さん（町のクリーニング屋さん）ですら、「お客さんにすすめられて読んだんだけど、さっぱしわかんなかったからお前にやるよ」

と、その本を彼女（娘）にくれたというのだ。わからなくって当然だけど、それでも〝読んだ〟という事実がすごい！　やはり、二〇一二年にはこの地球のほとんどの人が、スピリチュアリティに目覚めてしまうのかもっ、と、期待に胸が膨らんでしまう。

私のところには、気功の小松先生からホワイトデーのクッキーと一緒に送られてきた。その前日に、夫は新しいマネージャーからプレゼントされた。こういう共時性も、あらあら～、という感じで楽しめる。「もうどうしても読め！」ということなんだなぁと思って読んだ。ま、ニューエイジ好きの私には、わかってることばっかりだったけどさ（笑）。

要約すると、

「自分の人生に起こって欲しいことばかりを思い、考え、想像し、望むこと。そして、起こって欲しくないことは、一切考えない」

ということだ。

簡単そうに見えて物凄く精神的な修業を、〝もしできれば、こんなものも、あんなものも、あなたの望むものすべてが手に入りますよ〟と説いている。だから、たぶんすごく物質主義的《マティリアリスティック》で、お金、ブランドもの、大きな家、スーパーカーとか、欲しいもののイメージがはっきりしている人ほど、その効果を実感しやすいだろう。

この、夢を現実化させる方法について、かつて横尾忠則さんが対談集のなかで触れていたことがある。また三十歳ぐらいだった私は、

「んなことあるわけにゃーじゃにゃーの」

と笑っていたのだが、ほんとにあることだと今では思う。横尾先生は、

「スーパーカーが欲しかったら、それをどうやって手に入れるかという方法を考えるんじゃなく、それに乗っている自分をイメージして、100パーセント信じられたら、もうそれは確実に手に入る」

みたいなことをおっしゃっていたと思うのだが……。

ただ、人生の目的がそういうモノ的なものではない場合、オーダーメイドで自分が納得できる人生を創造していかねばならない。

今までの価値観で、人も羨むような生活をするのが、本当にその人自身も幸せであるならそれでいい。だけど、そういうものにふと空しさを感じてしまったなら、別の方向に進まねばならないだろう。

この本には、人は「いい気分」でいられるときは、その人にとって正しいことをしている証拠で、宇宙にもサポートされていて、「いやな気分のとき」は、宇宙が「不幸を呼び込むなよ」と注意信号を出している、と書いてある。

つまり、自分が自分らしく生きられているかどうかのチェックポイントは、「気分がいいかどうか」なのだ。

将来の心配をしたり、最悪のケースを想像したりして落ち込んだりするのは、わざわざ自ら不幸になりたくてしているようなもの。二十一世紀、宇宙はどんな想念も現実化してくれちゃう時代であり、その速度は速いといわれている。だからネガティブな想念が入ってきたら、即座に気持を切り替え、明るい、楽しい気分になれることを考えること。

落ち込んでいる人が泣きっつらにハチ的な目に会うのは、〝引き寄せ〟の法則が働いているからで、何か不幸があっても、どんな状況でも、ご機嫌な自分をキープできれば、事態はそれ以上悪い方向にはいかない。

私はこれ、実際三十代に経験しているのでよくわかる。不平、不満、愚痴、泣き言、人の悪口をしつこくしつこく続けていると、しまいにゃ自分がドツボる。だから、やめるしかなかったのだ。その当時、こんなわかりやすい本は発売されてなかったから、自分で痛い思いをするしかなかったが……。

修業の末、現実のものとして子供を授かったり、仕事もやりたいことがいいペースでできるようになってもなお、人というのは落ち込むタネなんかいくらでもあるし、更年期のおかげで終末感のオニになっちゃったりする。だから、わかっちゃいても、こういうバイブル的な読みやすい本があると、凹んだときには勇気づけられていいだろう。

ただ、書いてある内容を実践できるかどうかは知らない。この、何があってもうまく気分転換して「ご機嫌な自分」をキープする、というのはほんとに修業がいるので、何も考えられないぐらい、体を動かしてしまうほうがいい。

人によってテイストがあるので、走るのが好きな人は走ればいいし、自然のなか(公園など)を歩くのもいい。

私はダンスやヨガをおすすめする。124ページで紹介したアファーメーションも自分洗脳だから強力だ。

とにかく、自分が〝気分よく〟なれることだったら、何でもすることだ。私の場合、一日がヨガでスタートできたら、何はなくても一日ニコニコでいられる。ニコニコ「ご機嫌」でいれば、「ご機嫌なこと」が引き寄せられる。ご機嫌な自分づくりには、肉体的アプローチは近道なのだ。

幸せの価値観は人それぞれ 今このときを味わおう

自分の人生における満足度を考えた場合、ほとんどの人は一般的な価値観で自分の人生を見てしまうだろう。

たとえば、このぐらいの年になったら結婚して子供をもったり、マンションなり一軒家を買うものだ、とか、仕事もこの辺でステップアップし、収入も上がるはずだ、とか……。

それでみな悩むのではないかと私は思う。「そんなはず」なのに、「どうにもなってない自分」に焦りを感じるというか。人によって、「みんなに必要なこと」がほんとは全然必要なかったりするのに……幸せの価値観は、実はその人なり、千差万別なのに、それに気づいていない。

たぶん、日本は全体主義で、みな横並びにおんなじようなことをするのが「普通」とされ、普通でないものは「ヘン」とされるムードが漂っているので、「ヘンでもいいじゃん」という反骨精神（開き直り）がある者だけが、その悩みから開放されるのではないだろうか。

しかし実は、普通と見られる人たちも、全員変わってる。だってそれが個性なんだもの。だけどあえて自分は普通だ、普通の枠からはみ出ない、という決意のもとで生きてきた人にとって、そうではない自分を認めるのは怖いわけだ。普通にするふりにも慣れている。

そして「自分」という個性に目を向けるのは怖い。こんなに違っちゃってて、みんなに嫌われたらどうしよう、と思うと空恐ろしくなるからだ。

多民族国家で、個性も文化も価値観もみんな違っていて当然、というところではそんな恐怖感はないのだろうが、日本はいまだ（ここまで国際化してても）単一民族国家&島国根性が抜けないから、仕方のないことかもしれない。

「みんなおんなじ」だから、みんな安心、というところに、ほとんどの人が安住しているのだが、そうではなくなってしまった人（自分の個性に気づいてしまった人）

は、大きな悩みを抱えることになる。

そして悩んだ末に、ようやく本当の自分の人生を歩み始めることになるわけだ。しかし、そこにはやたらと壁があったりして、疲れていやんなっちゃった場合、またしても一般的な価値観に左右されてしまうのだ。自分らしく生きようと決意したはずなのに、心が弱ったとき、人は「常識」に心奪われる。

すごく皮肉な話だが、本当は、その人のスピリット（魂）に従って、ハートにビビビとくる生き方をするのが一番いいのに、肉体的に疲れて心も弱ると、またしてもそうではない生き方、「フツー、こうだろっ」という常識にやられてしまうのだ。で、それで本人が幸せかといったら、そうでもなかったりする。「安心」は得られても、残念な気持がぬぐい切れないからだろう。自分の夢を果たせないほとんどの人の原因は、この、不安や恐怖といった、自分自身のネガティブな感情だ。

自分自身というか、それは親や社会（学校の先生や周囲の大人たち、友達、知人）から叩き込まれた、一般常識＝旧来の価値観なのである。それにカバーされた「個」は、本当は苦しくて仕方がないのに、そのパワーを発揮できないで、しょんぼりしている。

「ふつーが一番ですよ、ふつーが……」

と疲れた小学生に言わせせている何かのCMを見たが、シャレになんないと私は思う。それより、

「元気おっけー、元気おっけー、二十一世紀の子供たち」

と歌わせている、どっかの音楽教室のほうがよっぽどいい。子供は元気なものだし、自由であって欲しいと切に願う。せっかくの新しい命＝「個」が、周囲の大人のしょんぼりした価値観に殺されてしまうのは悲しい。

大人たちが、「世の中はこういうものだ」という価値観を植えつけてしまうと、子供はそういうものだと思って希望がもてなくなってしまう。だから、これから子育てをする人たちは、新しい考えで、新しい価値観を与えて欲しい。

では、もうすでに人生の半分を生きてしまった私たちはどうするか？　私はみなさんにこう言いたい。

「夢を果たしていない人は、ぜひ、残りの人生でその夢を果たしてください」

と。自分の夢が何なのかわからない人には、

「ぜひ自分の夢を探してください」

と。人生半分以上きてしまったといっても、あと半分は残っているのだ。やらないでか!

そして、そんなこともあんなことも、もうかったるいから何にもやりたくない、という人には、

「Just relax & taste it(ただリラックスして残りの人生を楽しんで)」

と言いたい。今更後悔しても仕方がないし、悲しい気持でいるよりは、今ここに生きている、ただそれだけを味わったほうがいい。日々の生活のひとつひとつを味わうのだ。

これは私も去年、忙しい最中に気づいたこと。「忙しい忙しい」と思うとちっとも味わえないが、意識してリラックスし、味わおうと思えば味わえるもの。そして味わってみると、つまらないと思っていたこともなかなかだったりする。

日々の生活を味わえないのは、いつも何かに心奪われていて、「心ここにあらず」だから。音楽なども、リラックスしてじっくり耳を傾けてみると、涙が出るほど感動したりする。飯《めし》も酒もまたうまし。雑念を払って、「今ここ」に集中すると、何

事もありがたく、愛おしく感じるようになる。

この本を書きながら私がしみじみ感じたのは、

「旅も終盤に差し掛かってきた」

ということだった。四十五という年齢は、たとえば、

「おおー、今年は二週間ハワイだぜ」

と思ったご褒美のようなバケーションも、残りの一週間に入ったのと同じなのだ。

最初の一週間はゆっくりできる。数日過ごしても、まだ十日もある、とか思える。

だけど、一週間切ったら残りはあとわずか、瞬く間に過ぎる。だから、一日、一日を慈しんで過ごすのだ。Just relax & taste it.

いかにして〝夢の自分〟を生き抜くか

緊張していると、人は楽しめないし自分らしさを出せないものだ。だから自分らしくあるにはリラックスすることが肝心。だが、特に小さい頃から親に怒られ、先生に怒られ、常に誰かの価値観に合わせるべく緊張を強いられてきた日本人は、リラックスが苦手だ。

こういう理由で日本人は、へべれけになるまでお酒を飲む人が多いのではないだろうか。特にオッサンは、休みの日なんか朝から飲む。私も晩酌をする。ワインをグラスに一、二杯程度だが、リラックスできて怠惰にもなるので、きちきち朝から夕方まで働いた自分にご褒美という意味では、ありがたい句読点だ。

でも、じゃあ体質的にお酒が飲めない人はどうしたらよいのだろうか。

これはもう、ほかの手を使うしかない。リラックスを呼吸で体得するしかないだろう。私も緊張型でワーカホリックなので、朝ヨガをして深い呼吸ができると、その日は朝から機嫌がいい。イライラしやすく呼吸が浅くなり、不幸感を感じやすい人は、ぜひヨガをやって欲しい。

リラックスできると、同じことが目の前で起こっていてもイラつかないし、楽しめるものだ。そして、宇宙の真理からいっても、つまり「開運」のためには、常にご機嫌であることが大切だ。

そう、結局は「開運」なのだ、『ザ・シークレット』も〝引き寄せの法則〟も。人生は、誰の人生も、運がよくてラッキーでハッピーに越したことはない。その根本的な解決策が、「宇宙の真理」であり、「引き寄せの法則」なのだ。

リラックスして自分らしさを発揮できたら、社会にも貢献できるし自分自身も楽しい、宇宙エネルギーも応援してくれる、ということで、人生はどんどんいい方向に向かう。

大好きなことで生計が立てられ、わくわくウキウキした毎日が送れる、これは幸せ以外の何ものでもない。かつ、自分が描いた理想の自分像というものを、もし生きられたら、人生は陶酔感に満ちたものになるに違いない。

自分で自分に陶酔できる、そんな人生を想像してみよう。

「自分らしさ」というのは、誰が決めるんでもなく自分で決めることなので、それがたとえ、自分に似合ってなくてもいいのである。自分がうっとりできればいい。だって、ほかでもない自分の人生であり、それぞれがいただいた命と時間、肉体なのだから。

これは、私もこの本を書き始める前ぐらいにやっと気づいたことで、それまでは、その人らしい人生というのは、誰から見ても似合いの人生でなくてはならないと思っていた。だから、似合っていない成功者を見ると嫉妬も含め呆れていたものだが、それは大きな勘違いだと悟った。

この気づきを与えてくれたのは、ほかでもない高須クリニックのＣＭである。美容整形外科高須クリニックのテレビコマーシャルは、ずっと郷ひろみがやっていたはずだが、去年いきなり、高須先生本人が登場した。

しかも、舞台はドバイ。顔にベールを巻いた秘書らしきアラブ美人が、

「ドクター高須」

と呼びにきて、素晴らしいオフィスでアラブ人のビジネスマンたちを相手に会議する高須先生。お顔は喜びに満ちている。その後、一仕事終わったふうの晴れ晴れとした笑顔で、何と砂漠を４ＷＤでかっ飛ばすのだ。

最後にテロップが、

「自分を楽しんでますか？　イエス、高須クリニック」

と出る（これは郷ひろみの声？）。

このＣＭを見るたび、最初は、「これでいいのかな、これでいいのかな……」と、我が事のようにおどおどしていた。でも、ほぼ毎日見るうちに、

「これでいいんじゃん。すごい！　高須先生」

と確信した。高須先生は宇宙の真理を知っているに違いない。理想の自分をビジュアライズして、それを実現しているのだ。

誰が何と言おうと、俺はこういうのがカッコイイし、楽しいと思う、という人生を、あくまでも貫き通す。それがその人らしい人生というものだろう。それがたとえ、似合っていようと、いなかろうと。自分で自分の人生に満足できれば、それでいいのだ。

Chapter 5

たった一度の人生、輝かなくちゃ！

そしてそれを、誰にも迷惑かけず、自力でできていれば、文句を言われる筋合いもない。その開き直りはもはや「中年力」というしかない。若い、自信のない頃なら実現不可能なことだろうからだ。

自信に満ち溢れた理想の自分を生きる——それは見ている者にも勇気を与えるだろう。高須クリニックのCMを見て、なぜか心がスカっとする人は、私だけではないはずだ。

もう一人「夢の自分」を生きている人として、私のベリーダンスのおっしょさん、ミッシェルが挙げられる（これは似合ってる例）。彼女はアメリカ人なのだが、一九八七年の「ハーモニック・コンバージェンス」（「コズミックダイアリー」を提唱するホゼ博士が、マヤの予言を成就させるために呼びかけた一大イベント）でベリーダンスに出会い、それから世界を旅しながらベリーダンスを習ったという。

アジアで現夫GOROさんと出会い、インドで結婚、それからは日本に住み、世界的なベリーダンサーとして活躍。スタジオをもち、新しいダンサーの育成に従事している。

で、彼女のDVD「Sacred earth」を見ると、かくも人は、自分らしくあり、自分の夢を生きられるんだな、というのがよくわかる。トルコのカッパドキアで、アラブの砂漠やピラミッドの前で、インドの宮殿で、ギリシャの素晴らしいレストランで、東京のクラブで、踊る彼女は彼女であって、まさに女神。

「ああミッシェルは、これがやりたくて生まれてきたんだな」

としみじみ思える。誰でも、その気になりさえすれば、このように自分らしくあり、かつ、自分の夢を生きられるのである。

おわりに

この本を書きながら、また月日は瞬く間に過ぎていきました。その間、私には、ライフスタイルも心のなかも、ドラマティックな変化があったのです。だけどその流れは、まさに、なるべくしてなった、と納得できるものでした。

ひとつには、本書にも書いたマヤ歴の「コズミックカレンダー」に従って生活し始めたことで、宇宙の大きな流れに則《のっと》って人生が動き始めたことでしょうか。その前から予兆はあったのですが、自然の流れがどんどん加速しているのを感じます。もう自分の力では、止めようもないぐらい（笑）。

ま、だから、人生はもう、この年になったら大きな流れに逆らわず、おまかせして、なるようになれ的に、楽しんでしまったほうがいいのかもしれません。私は「コズミックカレンダー」を勉強し始めてから、否が応でも自然を感じる環境に、身を置く生活が始まっています。

コズミックカレンダー・ナビゲイターの桜井茶亜先生に、

「自然をもっと楽しんで、感じてください」

と言われた一ヵ月後には、我家に五年間いたベビー・シッターのビザが切れ、幼稚園の送り迎えをやらざるを得なくなりました。

今は娘に、自然観察の仕方を幼稚園に行く道々、また放課後の公園で、日々教わっています。ライフスタイルを変えるのは慣れるまで大変ですが、これはこれでまた、事務所の窓からだけではわからない季節の移り変わり、その多様性を感じて楽しいことです。今や娘は私の師であり、宇宙感覚ナビゲーターといえるでしょう。子供は本当に、自然に対する感性が豊かなのです。

そうこうしているうちに、私をコズミックカレンダーの勉強に誘ったピラティスの酒井先生が住み始めた自然豊かなエリアに私も惚れ込み、来年、娘の小学校入学と同時に引っ越す決意をしてしまいました。もうどうしても、今住んでるビルばっかりの環境ではなく、自然のなかに住みたくなってしまったのです。

宇宙の流れに従って生活し始めると、共時性もバンバン起きて面白いのです。私の場合は、もともといろんなことのタイミングがいいんですが、ほんとバッチシなタイミングで新しい住処も見つかり、いい不動産屋との出会いもありました。それと同時に、夫の新しいアシスタントもやってきて、ほっと一安心というところなのです。

ほんと、不思議ですよ、人生とは。もうこの年になったら、運命は向こうからやってくるんだなとしみじみ感じます。明治生まれの祖母が母によく、

「果報は寝て待て」

と言ったそうですが、本当にそうなんですね。というか、そういう物事の真理みたいなものが、わかる年になってきた、ということでしょうか。

みなさんもぜひ、それを楽しんでください。年をとったからこそ楽しめることを、リラックスしてエンジョイすること——そこに、ベター・エイシジングのコツがあるといえるでしょう。

最後に、私の文章に面白い漫画を添えてくださった水谷さるころさん、装丁デザインの松岡史恵さん、レイアウトデザイナーの関根康弘さん、カバー

の絵を描いてくださったｃｈｉｙｏさん、また、この本をつくってくれたフォー・ユーの山浦秀紀さん、ありがとうございました。皆様のおかげで、実にベター・エイジングな本ができました！

横森理香

二〇〇八年　春

横森 理香（よこもり りか）

1963年、山梨県生まれ。作家、エッセイスト。多摩美術大学グラフィックデザイン科映像デザインコース卒業。女性のライフスタイルや健康をテーマにしたエッセイ、現代女性をリアルに描いた小説に定評がある。『ぼぎちん バブル純愛物語』（集英社）は文化庁の「現代日本文学の翻訳・普及事業」（JLPP）に選出され、アメリカ、イギリス、ドイツで翻訳出版されている。『地味めしダイエット1～3』（光文社）、『横森式おしゃれマタニティ』シリーズ、『横森式おしゃれ子育て』（ともに文藝春秋）、『英語はしゃべったもん勝ち！』（ヴィレッジブックス）など、著書多数。

公式ホームページアドレス
http://www.yokomori-rika.com/

横森理香のベター・エイジング
もっと美しく幸せに生きる

2008年6月1日　初版発行

著　者　横森 理香
発行者　西澤 一守

発行所　株式会社　フォー・ユー
東京都文京区本郷3丁目2番12号　〒113-0033
☎代表 03(3814)3261

発売元　株式会社　日本実業出版社
東京都文京区本郷3丁目2番12号　〒113-0033
☎代表 03(3814)5161　振替 00170-1-25349

印刷／理想社　製本／若林製本

落丁・乱丁本は、送料小社負担にてお取り替え致します。

ISBN 978-4-89376-102-6